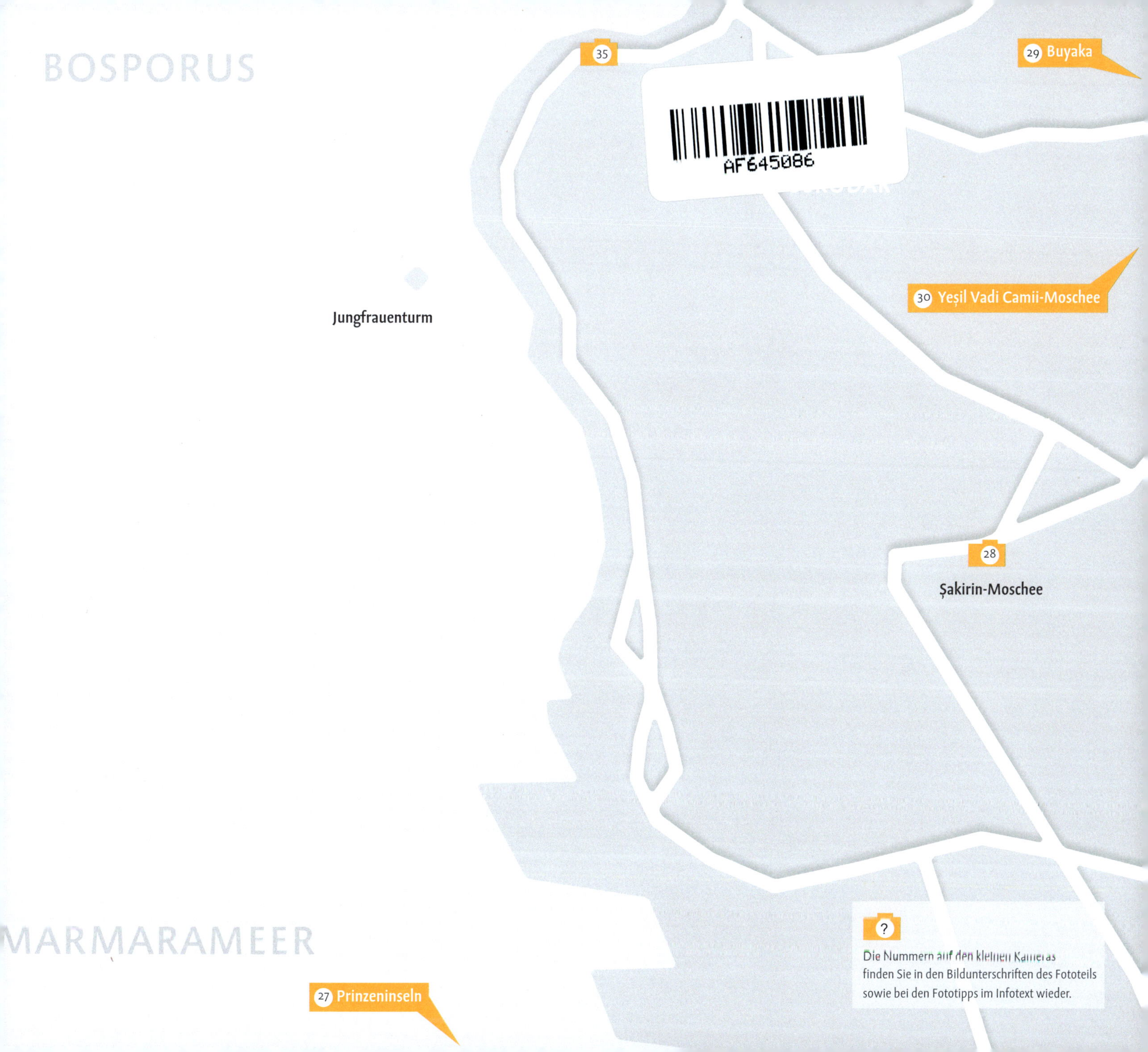
BOSPORUS
35
29 Buyaka
30 Yeşil Vadi Camii-Moschee
Jungfrauenturm
28
Şakirin-Moschee
MARMARAMEER
27 Prinzeninseln
?
Die Nummern auf den kleinen Kameras finden Sie in den Bildunterschriften des Fototeils sowie bei den Fototipps im Infotext wieder.

MIT DER KAMERA IN:

ISTANBUL

morisel

INHALT

* Die LANDMARKER sind ein Zusammenschluss von rund 20 professionellen und semiprofessionellen Fotografen. Die Gruppe fotografiert regelmäßig international bedeutende Städte wie Amsterdam, Bangkok, Bristol, Budapest, Istanbul, London, Prag, Venedig, Wien im Stil klassischer Reisefotografie. Dabei geht es uns nicht nur um Stadtansichten in außergewöhnlich schönem Licht, sondern stets auch um die Menschen und eine journalistische Sicht auf den jeweiligen Ort und das Geschehen. Durch die gemeinsame Planung entsteht in einem kurzen Zeitraum ein umfassendes Bild auch größerer Metropolen, das die zahlreichen Facetten der jeweiligen Stadt einbezieht. www.landmarker.de

MIT ANDEREN AUGEN

Unter Fotografen gilt Istanbul als zur Zeit aufregendste Stadt Europas. Keine andere Metropole ist in ihrem Erscheinungsbild so reich an Extremen. Hier treffen Europa und Asien aufeinander, postmoderne Architektur steht neben jahrtausendealter Bausubstanz, die Straßen bersten vor Leben. Dazu gibt es atemberaubende Stadtpanoramen. Wer gerne reist und mit der Kamera eine fremde Stadt »entdecken« möchte, wird in Istanbul voll auf seine Kosten kommen. Dabei machen die Istanbuler es fotografierenden Reisenden oder reisenden Fotografen leicht, denn sie gehen in der Regel sehr locker damit um, fotografiert zu werden.

Aber der Reisende und Fotograf kann sich in dieser quirligen 13-Millionen-Stadt leicht verlieren. Die Erfahrungen und Recherchen der Fotografengruppe LANDMARKER*, die sich seit Jahren der Reisefotografie verschrieben hat, sollen dem Leser mit diesem Buch helfen, sich Istanbul auf einfache Art zu erschließen und ihn zu wichtigen und ungewöhnlichen Motiven führen. Die LANDMARKER haben bereits zahlreiche Metropolen bereist und fotografiert, darunter auch zweimal Istanbul. »Mit der Kamera in: ISTANBUL« basiert auf Erlebnissen und Erkenntnissen, die sie dabei gewonnen haben.

Das Ziel der LANDMARKER ist es, nicht nur die typischen Sehenswürdigkeiten aufs Bild zu bannen, sondern mit ihrer Kamera auch Anekdotisches und Atmosphärisches einzufangen. In ihren Bildern paaren sich Reise- und Straßenfotografie. Die Voraussetzung hierfür ist eine intime Kenntnis der Stadt, die ein Einzelner in ein paar Tagen kaum erlangen kann, in der Gruppe aber schon, da die Themen aufgeteilt werden und jeder von den Erfahrungen der anderen profitiert. Das Feedback der Kollegen und die Möglichkeit, Orte wiederholt aufsuchen zu können, führen schließlich zum besten Bild.

Viele der gesammelten Erfahrungen geben die LANDMARKER in diesem Buch auf anschauliche Weise weiter. Der Bildband weist auf Motive hin, erleichtert das Auffinden geeigneter Standpunkte, gibt auch wertvolle technische Tipps und hilft so, den täglichen Fotostreifzug durch die Megastadt am Bosporus effizienter zu organisieren. Die beiden Istanbulkarten im vorderen und hinteren Teil mit den entsprechenden Verweisen in den Bildtexten sowie Fototipps helfen fotobegeisterten Reisenden bei der Orientierung in der Stadt.

»Mit der Kamera in: ISTANBUL« richtet sich aber nicht nur an Fotobegeisterte. Es soll allen Lust auf die Stadt machen, die eine Reise nach Istanbul planen, und für jene, die wieder zu Hause sind, die Erinnerung an erlebnisreiche Tage in Istanbul bewahren. Somit ist »Mit der Kamera in: ISTANBUL« gleichzeitig Bildband und Foto-Reiseführer.

DIVA ZWISCHEN DEN MEEREN

Wer zum ersten Mal die 13-Millionen-Metropole Istanbul besucht hat und nach der Rückkehr von seinem Eindruck erzählen soll, der ist in der Regel etwas hilflos. Es ist nicht so einfach, dieses Chaos aus Bewegung, Lärm und Schmutz kurz und knapp auf den Punkt zu bringen. »Beschallt mal von Techno, mal von Volksmusik, mal von Polizeisirenen und hin- und her geschoben von Menschenmassen, Müllwagen und Fernsehteams, die hier ununterbrochen Volkes Stimme aufnehmen, fühlt man sich wie im Schleudergang einer Waschmaschine«, schreibt die Autorin Stefanie Rosenkranz in MERIAN. Sagt man von New York, dass diese Stadt niemals schläft, dann braucht man für Istanbul tatsächlich ein drastischeres Bild. Eine Waschmaschine, die immer im Schleudergang läuft – der Vergleich stimmt.

Oasen der Ruhe sind in diesem Inferno von Leben so selten wie ein vierblättriges Kleeblatt auf einer Wiese. Am ehesten findet man sie noch im direkten Umfeld der Moscheen, einmal abgesehen von der Sultanahmet Camii – der Blauen Moschee –

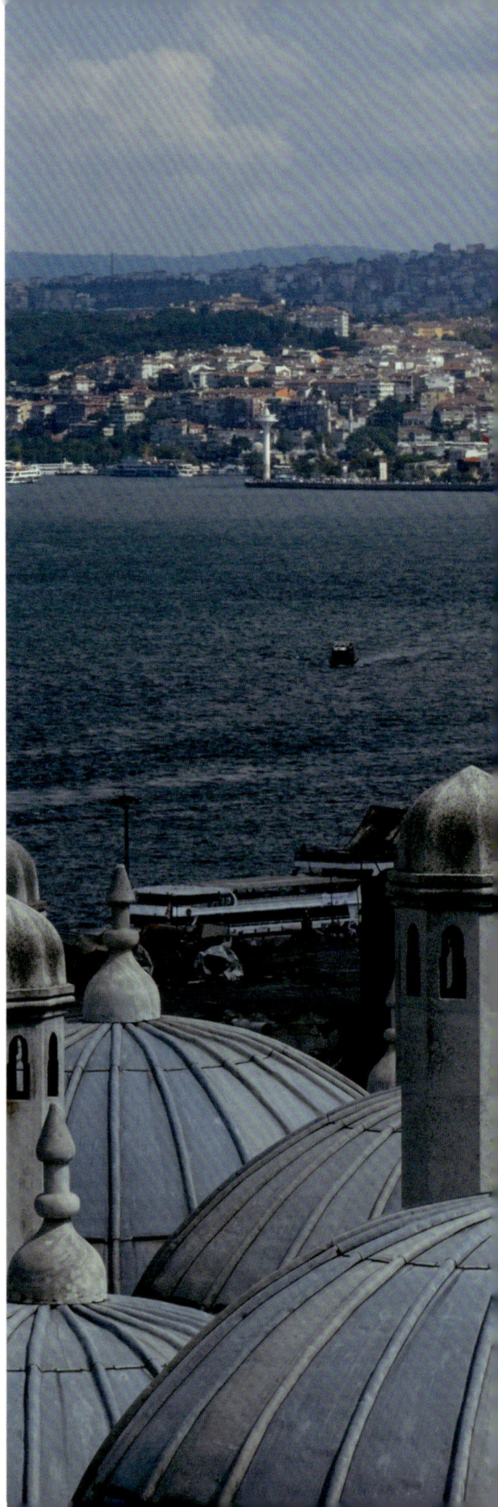

Blick vom Hof der Süleymaniye-Moschee über den Bosporus auf den asiatischen Stadtteil Üsküdar 22

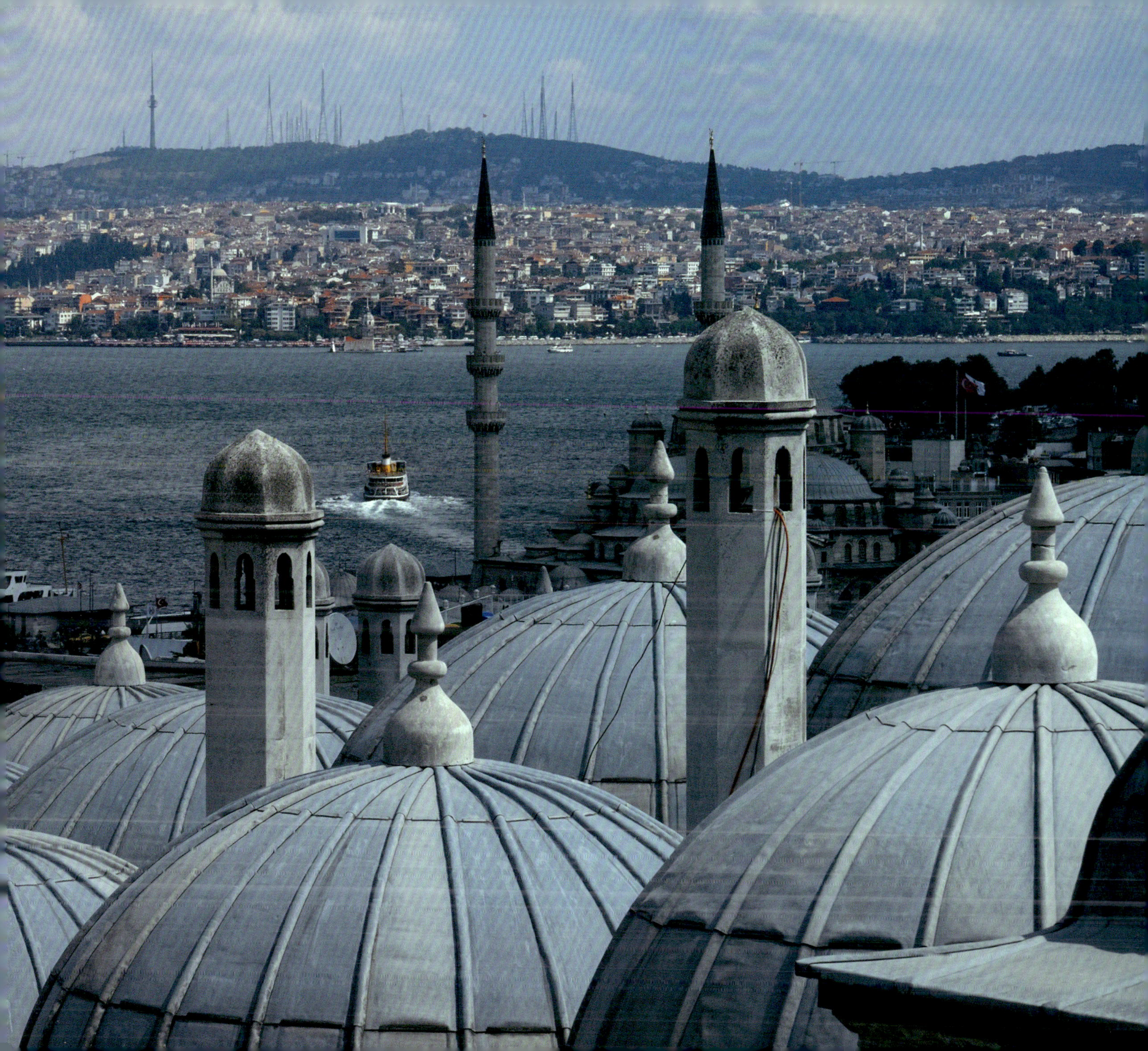

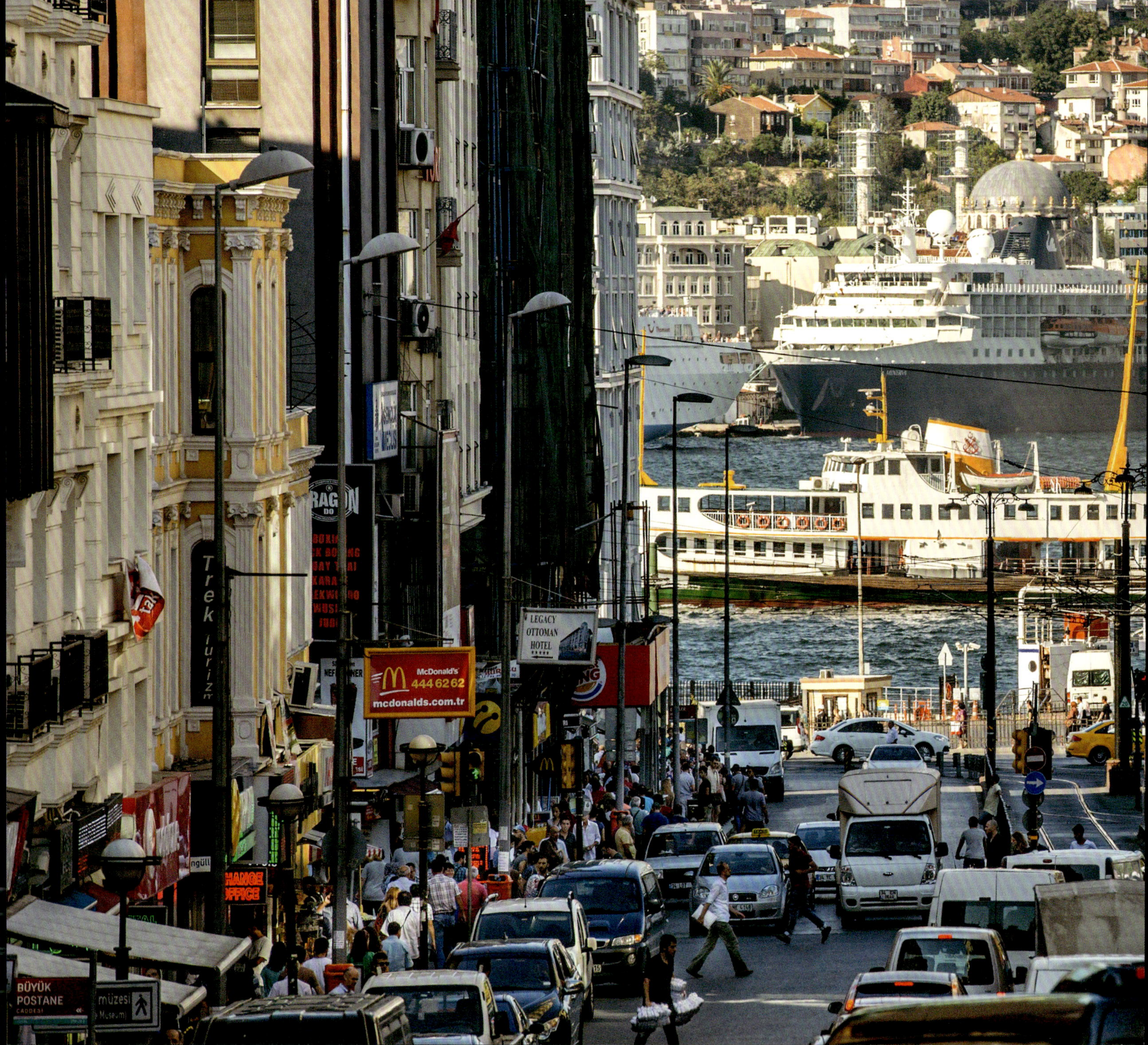
McDonald's
444 62 62
mcdonalds.com.tr
LEGACY
OTTOMAN
HOTEL
BÜYÜK
POSTANE
müzesi

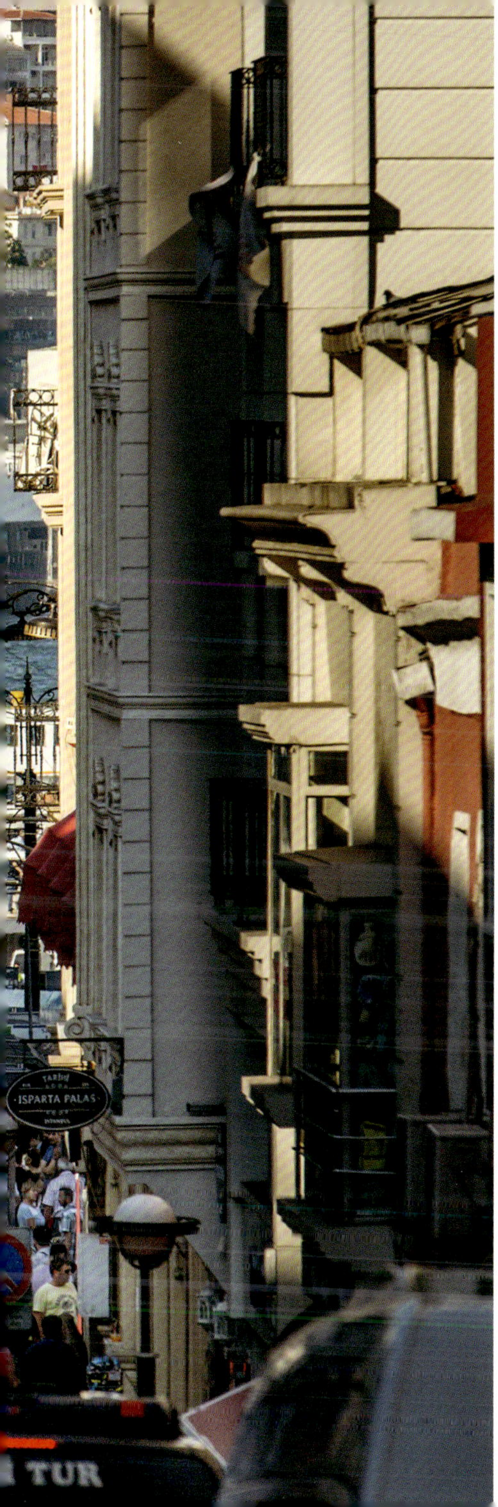

die von morgens bis abends von zigtausenden Touristen und Gläubigen besucht wird. Oder der Eyüp Sultan Camii, die wegen des Grabes von Abu Ayub al-Ansaris, des Fahnenträgers Mohammeds, ein beliebtes Pilgerziel ist.

Der unumstrittene König aller Baumeister, Mimar Sinan, war der Architekt einer anderen Moschee, der Süleymaniye Camii, die auf einem Hügel über Istanbul thront, dem Goldenen Horn zugewandt. Wenn in ihrem vier Fußballfelder großen Hof nicht gerade ein Film gedreht wird, dann ist er einer der wenigen ruhigen Orte im Zentrum, weit genug entfernt vom lärmenden Erdenwahn der Stadt. In nur sieben Jahren fertiggestellt, bezeichnete Sinan die Süleymaniye-Moschee als sein »Gesellenstück«. Diese und 476 weitere Bauwerke haben ihn zum bedeutendsten osmanischen Architekten gemacht und ihm den Namen »Michelangelo der Osmanen« eingebracht.

Stellt man sich auf die Mauer, die den Hof der Moschee umgibt, und schaut über das Goldene Horn hinweg, dann muss man zum wiederholten Male feststellen, dass Istanbul die Stadt der berauschenden Panoramen ist. Ob hier, vom Hügel der Süleymaniye-Moschee, von der Roofbar des Marmara Pera Hotels mit Blick über Galataturm und Galatabrücke hinweg über den Fährhafen Eminönü auf die Blaue Moschee nebst Hagia Sophia oder vom Frühstücksraum des eigenen kleinen Hotels in Kapakoy, von wo man im gleißenden Morgen-Gegenlicht auf das silbrige Marmarameer mit seinen zahlreichen auf Reede liegenden rostigen Seelenverkäufern blickt: Immer möchte man dahinschmelzen angesichts der wunderbaren Cinemascopes, die sich vor einem auftun.

Die Hauptschlagader zwischen den Stadtteilen Fatih und Beyoğlu mit ihren zusammen etwa 700 000 Einwohnern ist die Galatabrücke, die das Goldene Horn überspannt. Gleichzei-

31 Blick durch die Ankara Caddesi auf den Bosporus

tig ist sie eine Miniaturisierung der Megastadt Istanbul. An und auf ihr spiegelt sich das Leben der Stadt in all seinen Facetten. Die zweigeschossige Brücke befindet sich in einem permanenten Belagerungszustand von Touristen, Anglern, Verkäufern und Nachtschwärmern aller Art. Ali Pacan – keine Ahnung, ob der Name stimmt, – ist einer von jenen, die die Brücke zu ihrem Arbeitsplatz erkoren haben. Ali ist Schuhputzer. Wenn das Geschäft nicht so gut läuft, dann probiert er bei Touristen den Schuhputzertrick: Er lässt beim Gehen auf der Brücke eine Schuhbürste fallen. Der hinter ihm gehende Tourist hebt sie auf und gibt sie ihm. Voller Dankbarkeit will Ali ihm dafür die Schuhe putzen. Ist das Werk vollbracht, verlangt er trotzdem Geld dafür. Und das nicht so knapp. Weigert man sich, dann beginnt eine lautstarke Litanei, die alle in der Umgebung aufmerksam macht. Spätestens hier knicken die meisten Touristen ein und zahlen. »Was will man machen?«, sagt Ali Pacan entschuldigend, »Das Leben ist hart!«

Auch für die Angler, die zu Hunderten den oberen Teil der Galatabrücke bevölkern, ist das Angeln in der glühenden Sonne eher harte Arbeit als kontemplativer Zeitvertreib. Im Minutentakt ziehen sie die silbrigen Hamsi aus dem Wasser, eine Sardellenart. Eher selten hängt auch mal eine Makrele am Haken. Der Fischfang bringt neben Arbeitslosengeld und Rente einen kleinen Zuverdienst. Denn ist die Rute eingepackt, verkaufen viele Angler ihren Fang an Verwandte, Freunde oder an die Fischhändler auf dem Fischmarkt von Karaköy, direkt am Brückenaufgang der Beyoğlu-Seite. Der Hamsi ist ein in der Türkei äußerst beliebter Speisefisch, den man auf alle erdenkliche Arten zubereiten kann: geräuchert, gebraten, getrocknet, gegrillt oder frittiert.

Gleich hinter der Galatabrücke liegt der Bosporus, die Trennlinie zwischen Okzident und Orient, Abend- und Morgenland,

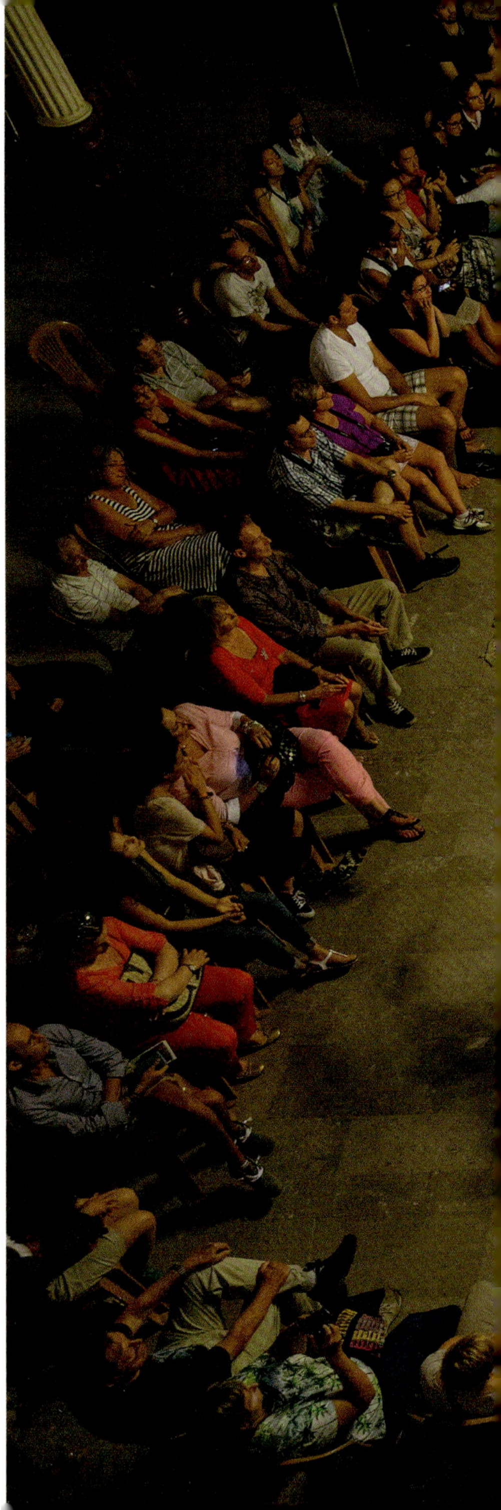

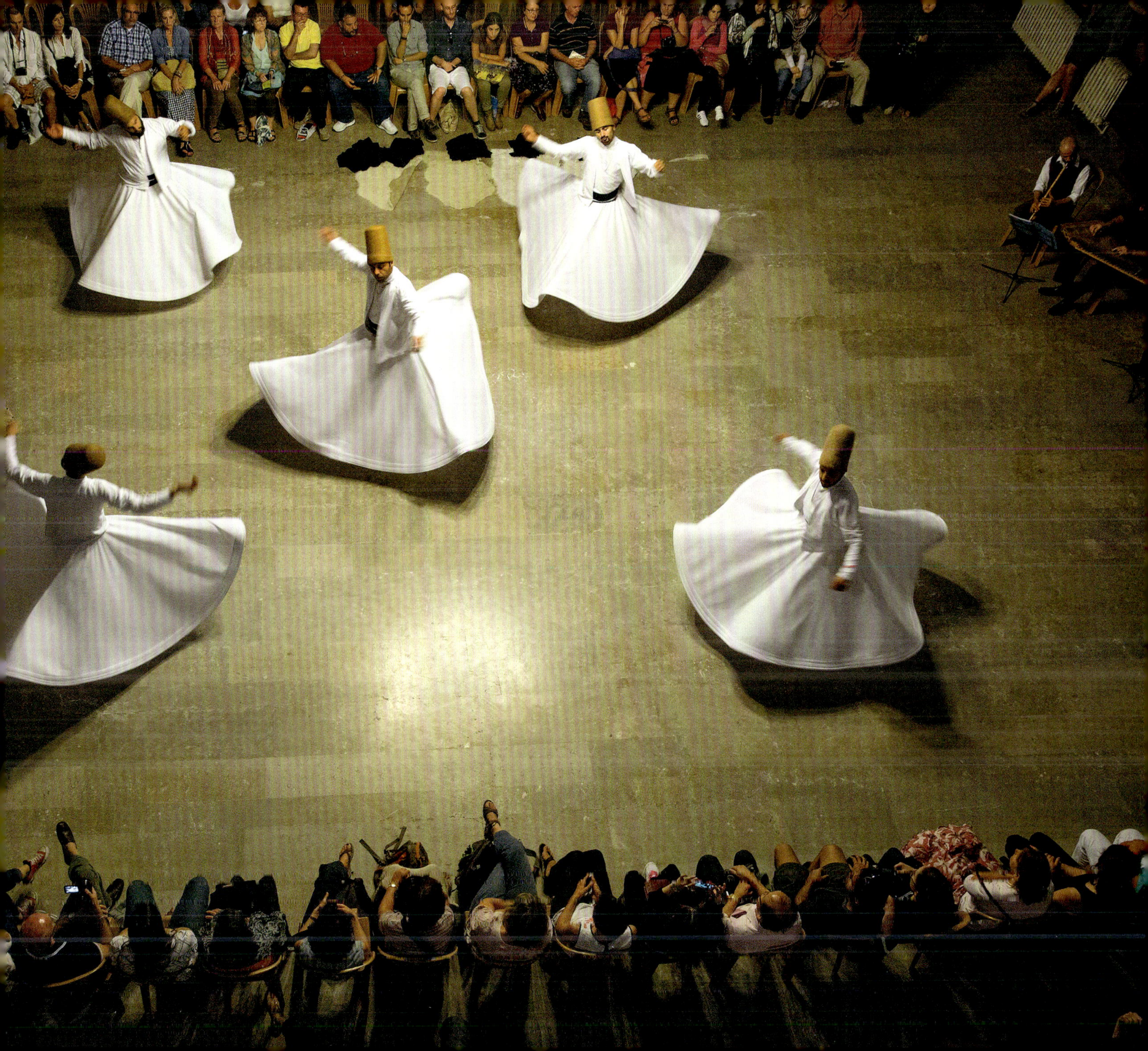

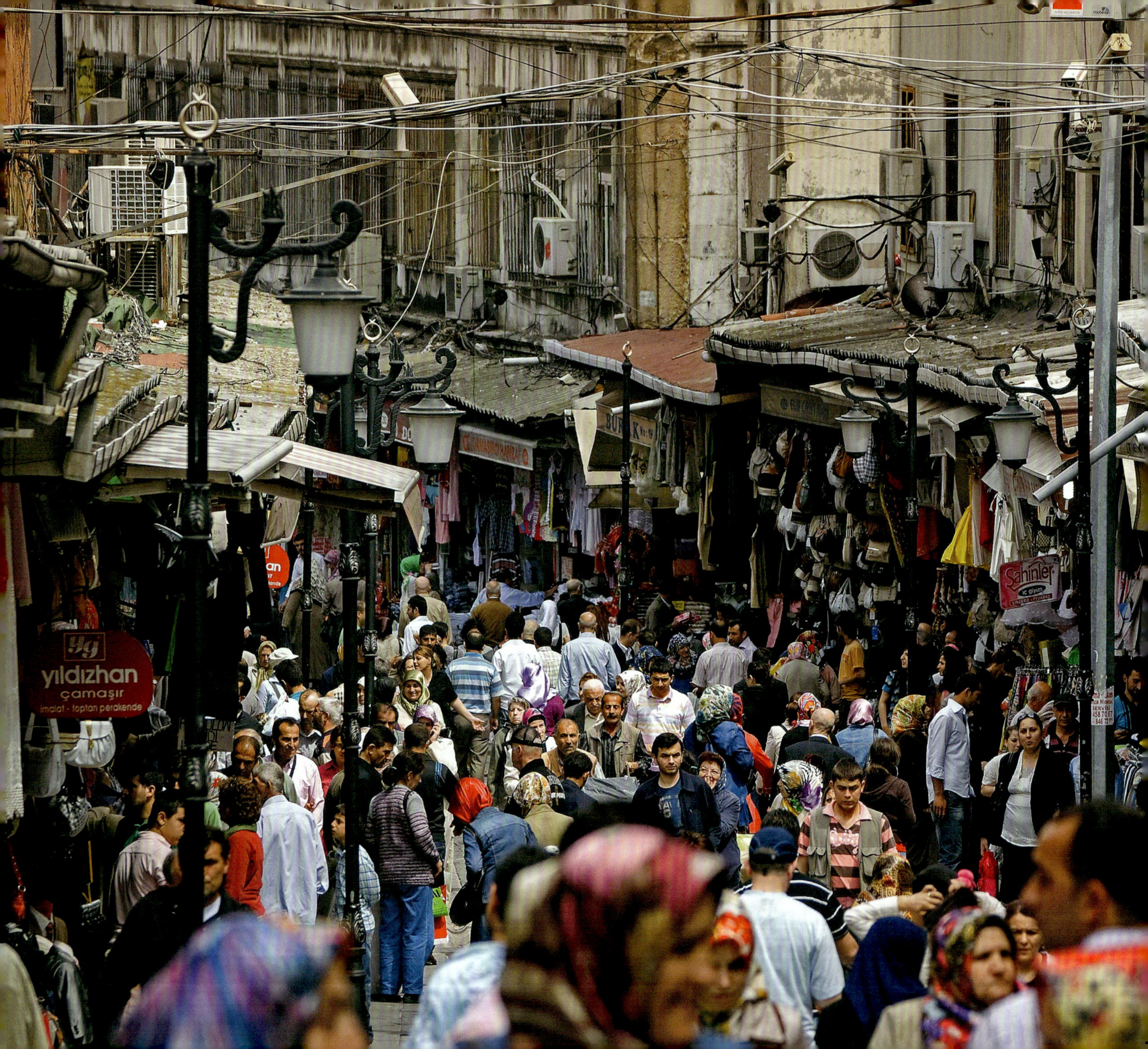

yildizhan
çamaşır
imalat - toptan perakende
Şahinler
iç giyim

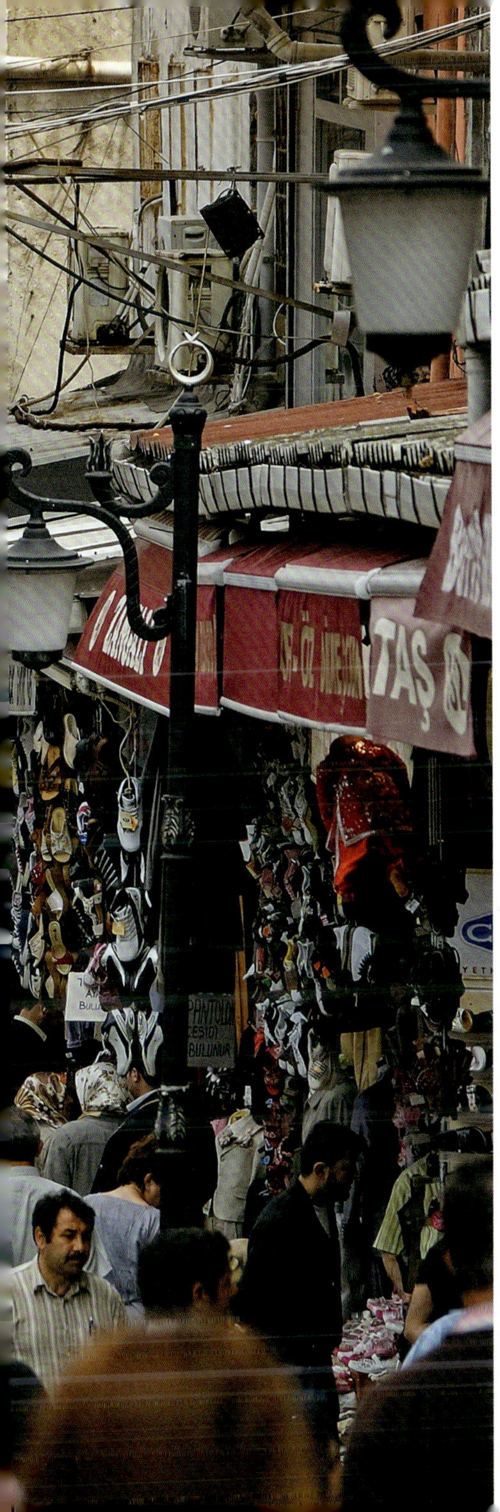

Europa und Asien. Die 32 Kilometer lange Meerenge zwischen Marmarameer und Schwarzem Meer ist eine wuselige Wasserautobahn, auf der jährlich etwa 50.000 Schiffe verkehren, die zahlreichen kleinen Fischerboote und Bosporusfähren nicht einmal mitgezählt. Dass es bei diesem Durcheinander aus Tankern, Bulk-Carriern, Containerschiffen, Kreuzfahrern, Fischdampfern und den zahllosen Fähren nicht häufiger zu Unfällen kommt, grenzt an ein Wunder. Denn obwohl der Bosporus nur zwischen 700 und 2500 Metern breit ist, besteht hier keine Lotsenpflicht und viele Reedereien wollen die bis zu 6.000 Dollar für einen Lotsen sparen.

Dabei sorgt schon der Fährverkehr allein für ein maritimes Durcheinander. Es gibt 35 städtische Passagierschiffe und zahlreiche kleinere private Fähren, die an insgesamt 49 Fährstationen an- und ablegen. Die auffälligsten sind die weißen Fähren der Fährgesellschaft Şehir Hatları, wegen ihrer charakteristischen Dampferform, die aussehen, als seien sie gerade aus einem Museumshafen ausgelaufen. Schon vor vielen Jahren sollten sie gegen modernere Schiffe ausgetauscht werden, aber der Protest der Istanbuler hat sie vor der Abwrackwerft gerettet. Für viele Istanbuler gehören die Fährdampfer einfach zur Stadt, sind sie doch Teil der Identität Istanbuls. Mehr als 150.000 Pendler schippern mit ihnen täglich von Asien nach Europa und umgekehrt. Mit Errichtung der dritten, im Bau befindlichen Bosporusbrücke und der Fertigstellung des Autotunnels unter dem Bosporus werden die Fähren vermutlich weiter an Bedeutung verlieren. Voraussetzung ist allerdings, dass der chaotische Verkehr in der Stadt nicht noch mehr zunimmt.

Eine kleine Flotte von Schiffen trägt indessen kaum zur Erhöhung des Unfallrisikos auf dem Bosporus bei: die Müllschiffe, die fast nur in Ufernahe unterwegs sind. Wenn sie die

1 Eine der belebten Einkaufsgassen hinter dem Großen Basar in Cağaloğlu

Klappe am Bug des Schiffes öffnen und den Dreck aus dem Wasser über ein Laufband an Bord befördern, dann erinnern sie ein wenig an den Tanker »Liparus« aus dem Bond-Film »Der Spion, der mich liebte«, von dessen aufgeklapptem Bug russische und britische Atom-U-Boote verschluckt wurden. Die Crews der Müllschiffe führen einen nie endenden Kampf gegen die Verdreckung von Goldenem Horn und Bosporus, auch wenn sie längst nicht mehr so schlimme Kloaken sind, wie in dem Buch »Zorn des Meeres« des türkischen Dichters Yaşar Kemal beschrieben: »Mit Istanbul erwachte auch das verdreckte, schreckliche Goldene Horn, dieser unter Abfällen und dem Gewicht der Kadaver von Katzen, Hunden, Ratten und Möwen erstarrte Fluss, der keine Wellen schlägt, in dessen Schlamm sich fahl das Licht der Sonne, der Neonröhren und Scheinwerfer spiegelt, auf dem sich Astwerk, Obstschalen und am Gemüsemarkt eingekippte Unmengen vergammelter Tomaten, Auberginen, Apfelsinen, Melonen, vermischt mit Industrieabwässern und Fetten, zu einer zähen, stinkenden Schicht verklebt haben, einer Schicht über einem Sumpf, so übelriechend wie kein zweiter auf dieser Welt.«

Umso erstaunlicher, dass es im Bosporus immer noch Delfine gibt. Insgesamt 50 sollen ständig hier leben, dazu kommen wohl noch etwa die gleiche Anzahl »Migranten«. Allerdings ist der enorme Schiffsverkehr eine große Bedrohung für sie. Immer wieder beobachten Tierschützer Delfine mit verletzter oder gar fehlender Rückenflosse, hervorgerufen durch die Schrauben der Schiffe. Abgesehen davon ist der Bosporus für die Tiere ein Schlaraffenland. Wenn im Herbst das Wasser kälter wird, ziehen etwa 20.000 Tonnen Sardellen vom schwarzen Meer durch den Bosporus ins Marmarameer.

Der Weg hinein ins Paradies der Händler, Feilscher und Wucherer führt durch vier Haupteingänge. Die Besitzer von 4.000

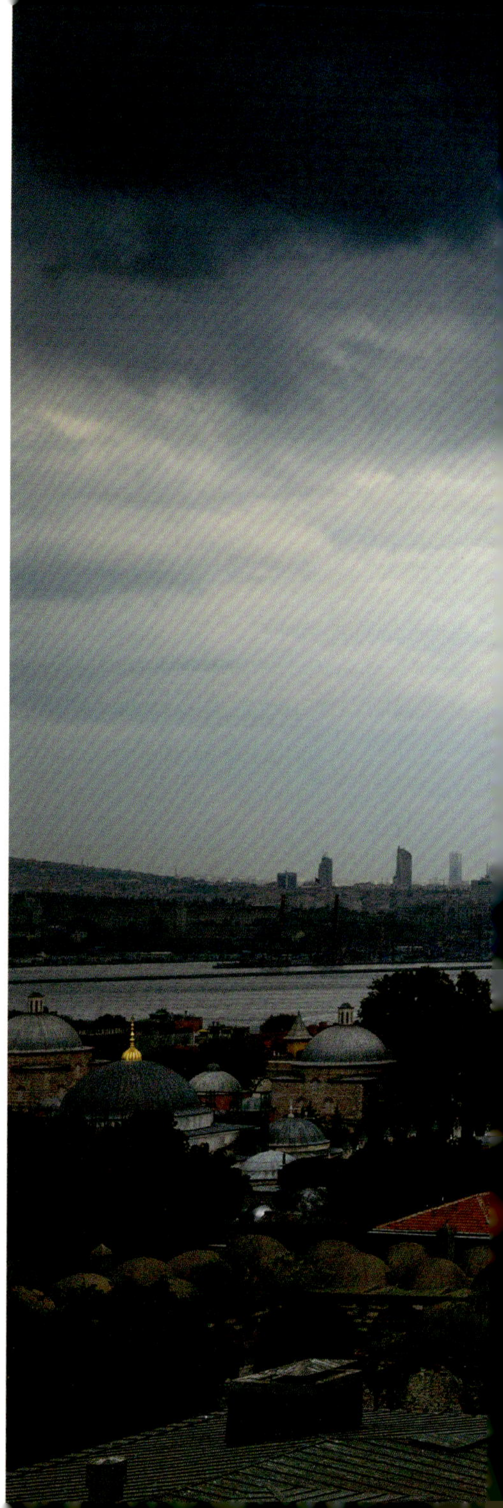

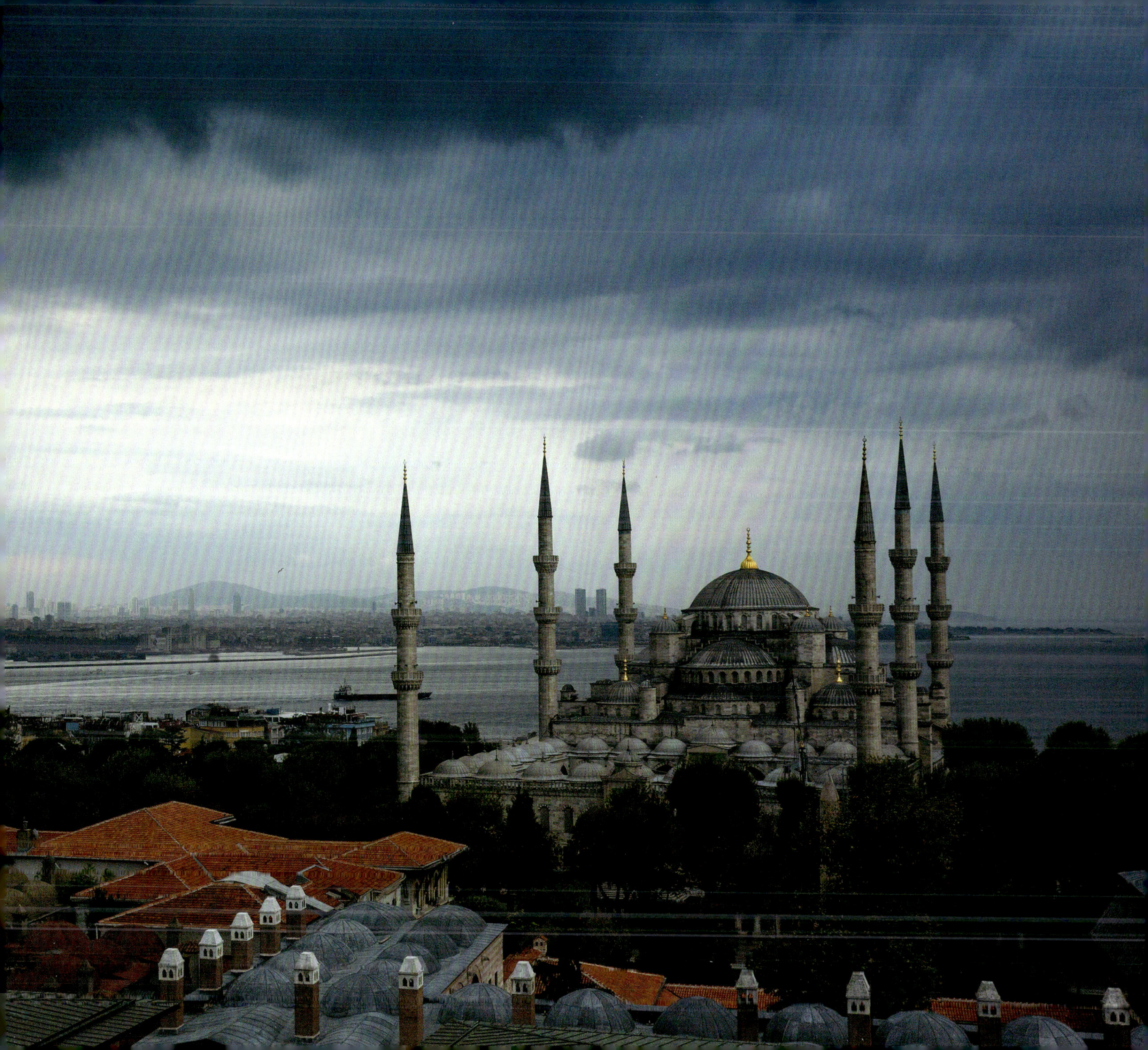

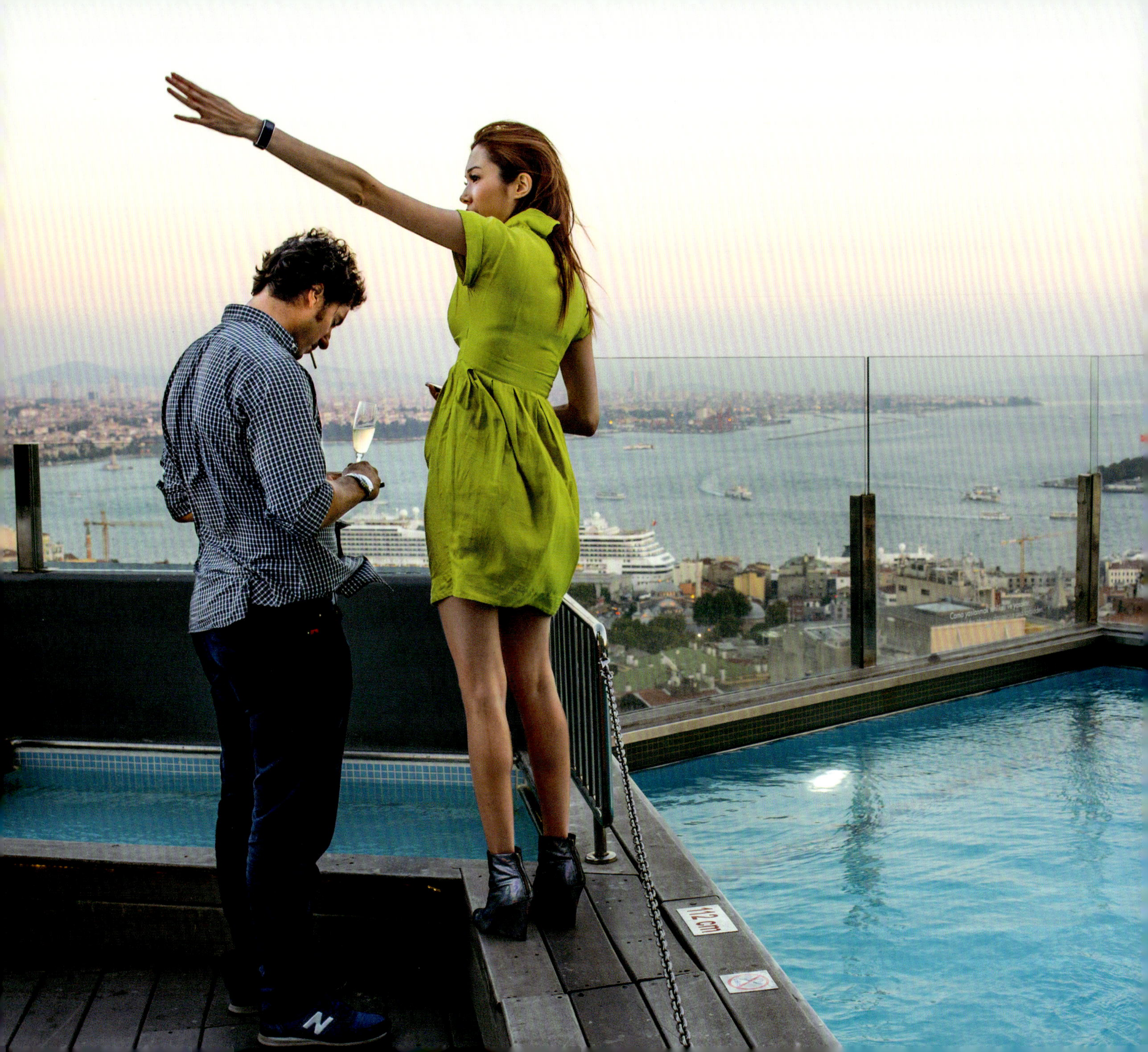

112 cm

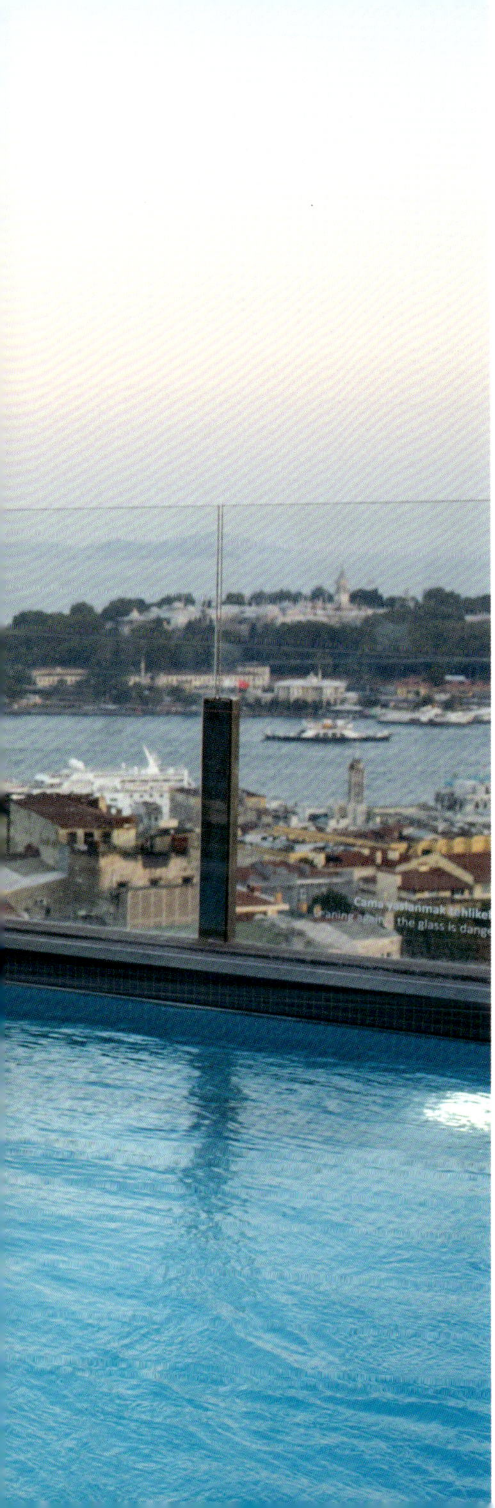

Geschäften und Ständen warten im Großen Basar von montags bis samstags auf etwa 3,5 Millionen Besucher pro Woche. Mit 31.000 Quadratmetern ist er zweimal so groß wie der Petersdom in Rom. Kaufen kann man hier so ziemlich alles: Teppiche, Lampen, Gold- und Silberwaren, Textilien, Porzellan, Lederwaren, Antiquitäten.

Wer im Großen Basar die Atmosphäre aus 1001 Nacht erfahren möchte, muss lange suchen. Doch zwischen all dem Nippes und Fake gibt es immer noch das eine oder andere Geschäft, das einem das Gefühl gibt, man sei Ali Baba in der Schatzhöhle der 40 Räuber. Aber auch hier gilt es, sich der Geschicklichkeit des schlitzohrigen Händlers zu erwehren, der die Höhle bewacht. Treibt man es mit den eigenen Preisvorstellungen nicht zu doll, dann sind nach einigem Handeln, gegenseitigem Jammern und einem Glas Tee beide Seiten mit dem Preis zufrieden. Der liegt etwa bei der Hälfte des anfänglich Verlangten.

Abends, wenn der Schleudergang der Waschmaschine Istanbul mit etwas geringerer Umdrehungszahl läuft, füllen sich die Shisha-Bars der Stadt. Längst entspannen nicht nur Männer beim Rauchen der Wasserpfeife, wenngleich sie in den Bars doch immer noch dominieren. Das Shisharauchen wird zelebriert: mit Tee, kleinen Süßigkeiten und Keksen. Allein oder in Gruppen. In solchen Augenblicken, wenn jemand gedankenverloren am Mundstück seiner Nargile saugt, dann glaubt man manchmal den Hüzün zu spüren, die Istanbuler Version von Melancholie. Der Schriftsteller und Nobelpreisträger Orhan Pamuk schreibt in seinem Buch »Istanbul. Erinnerungen an eine Stadt« viel über Hüzün. Demnach ist Hüzün nicht die von einer Einzelperson empfundene Melancholie, sondern das von Millionen Menschen gleichermaßen wahrgenommene schwarze Gefühl, der Hüzün einer ganzen Stadt, der Hüzün von Istanbul.

18 Auf der Dachterrasse des »Marmara Pera Hotels« in Beyoğlu

Beginnt am nächsten Morgen die Waschmaschine Istanbul im Schleudergang erneut auf vollen Touren zu drehen, und die Istanbuler das zu machen, wovon sie am meisten verstehen, nämlich handeln und verkaufen, dann sieht man wenig von Hüzün. Nur die vielen Atatürk-Bilder in Läden, bei Barbieren oder in den Büros, die den großen Staatsmann immer melancholisch in die Ferne blicken lassen, machen es deutlich: Hüzün ist allgegenwärtig.

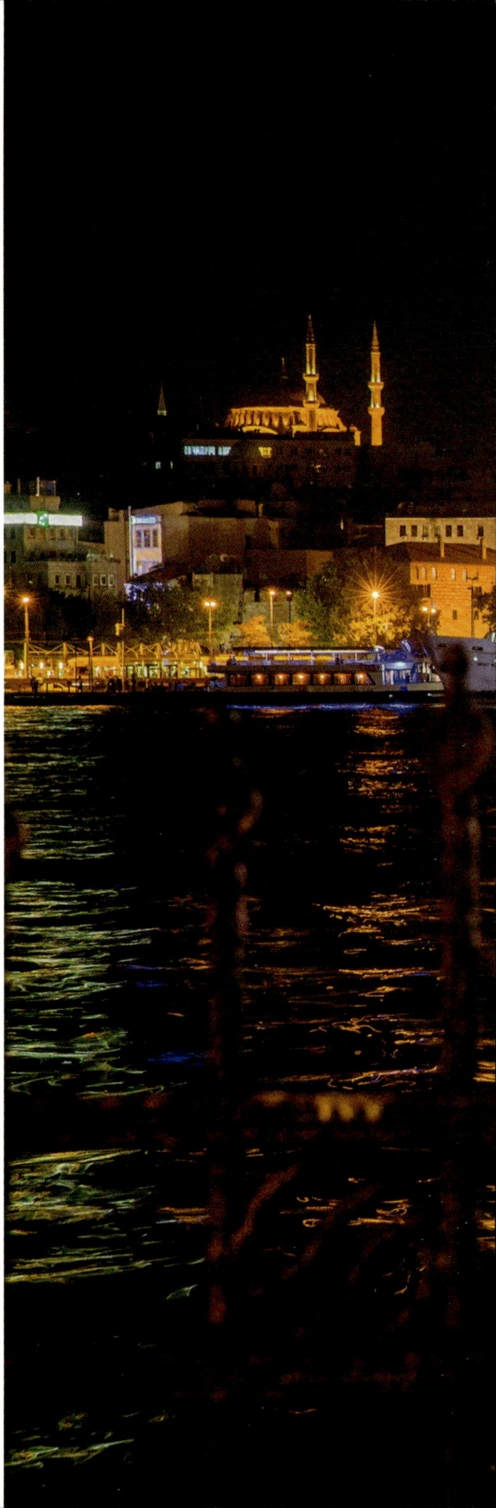

Galatabrücke von der Karaköy-Seite aus fotografiert, mit Blick auf die Neue Moschee 10

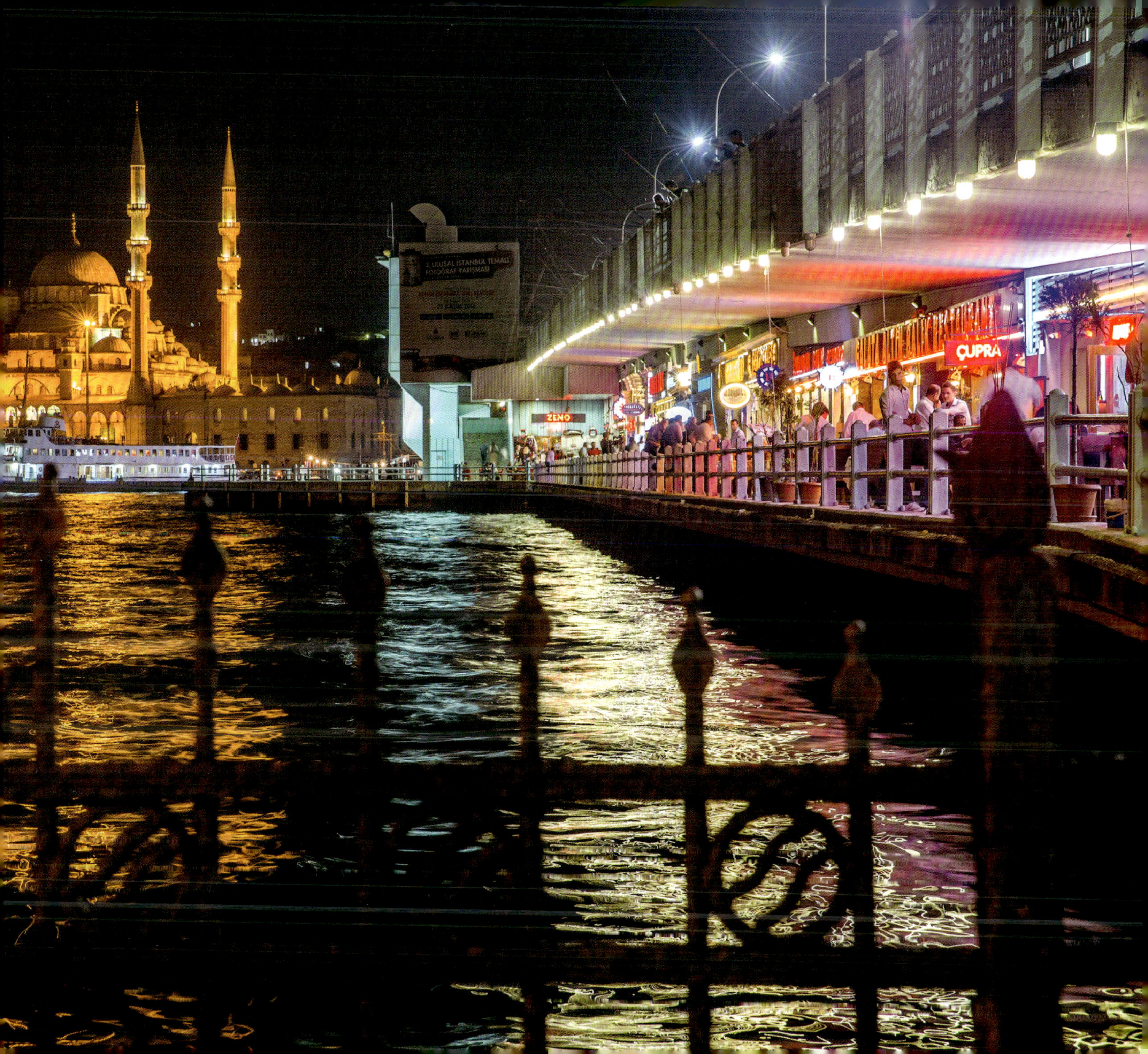
2. ULUSAL İSTANBUL TEMALI
FOTOĞRAF YARIŞMASI
ZENO
ÇUPRA

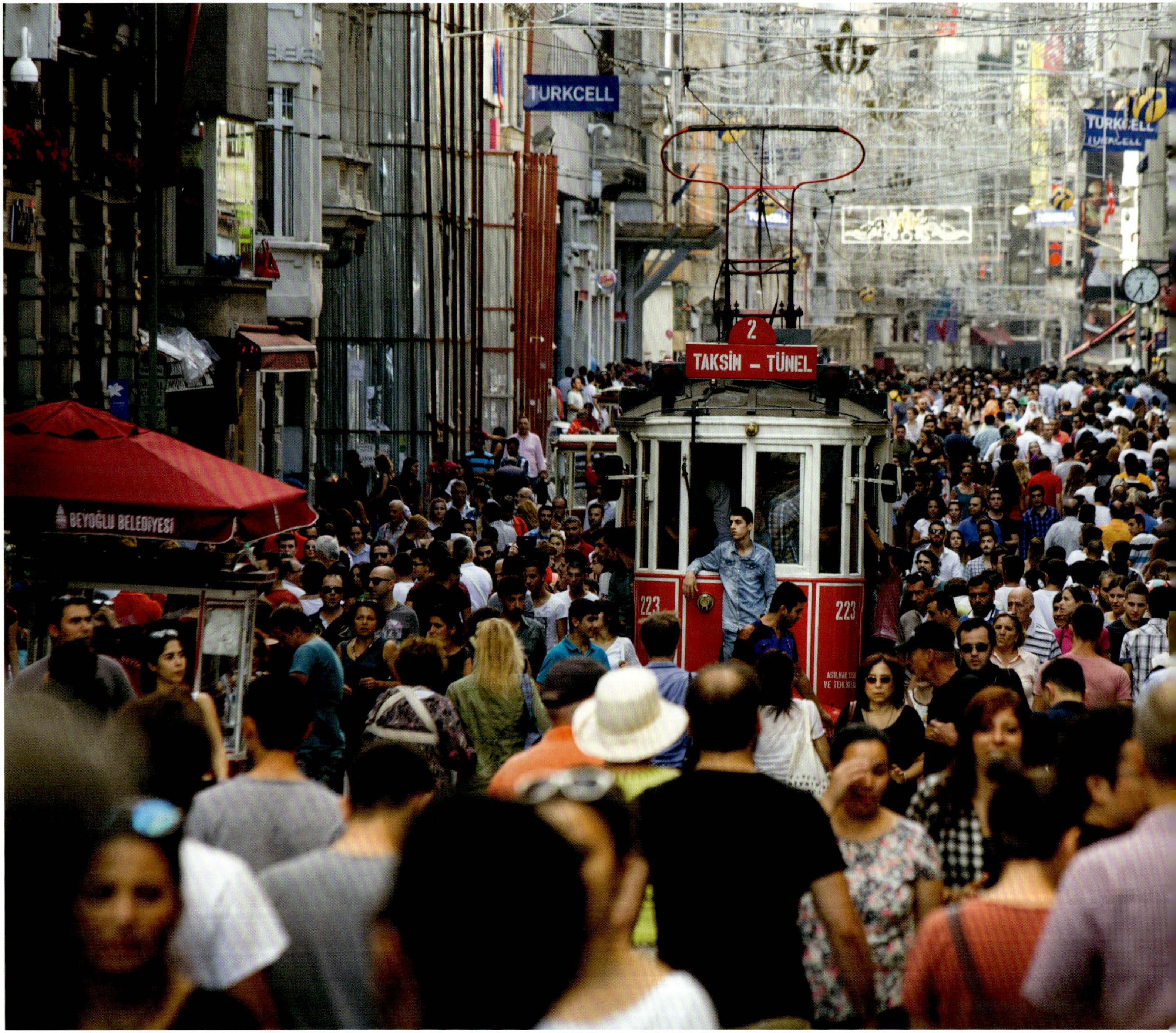
TURKCELL
TURKCELL
2
TAKSİM – TÜNEL
223
223
BEYOĞLU BELEDİYESİ

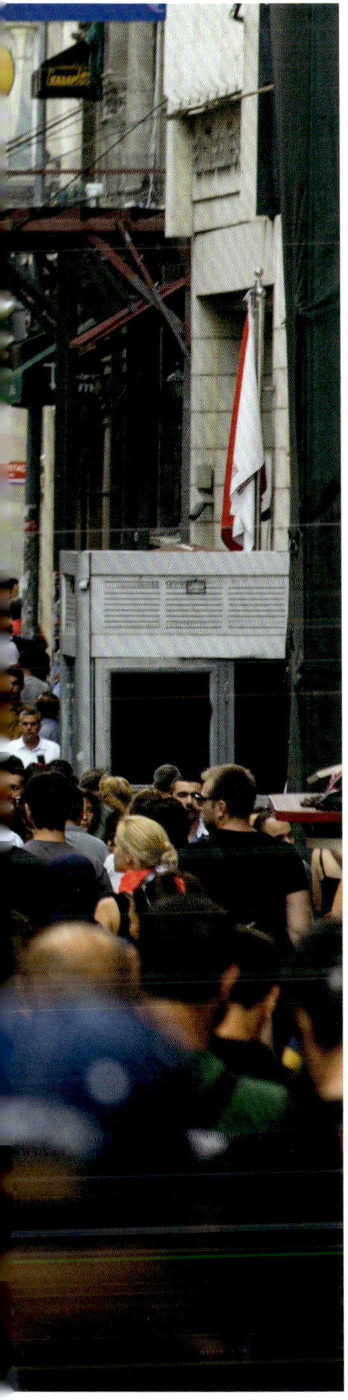

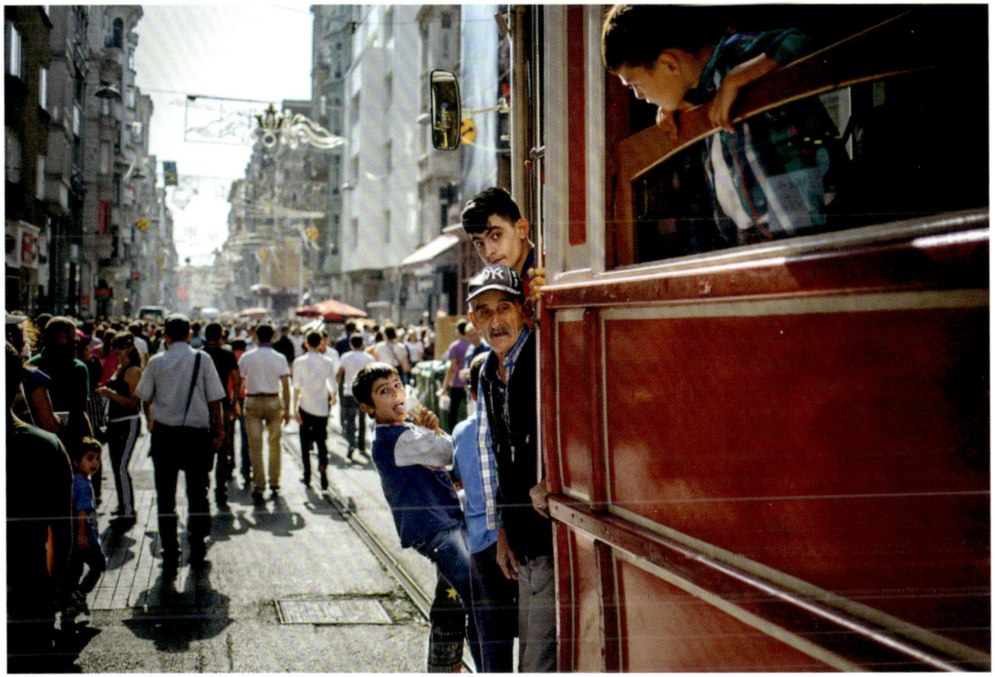

16 Die alte Straßenbahn auf der İstiklâl Caddesi

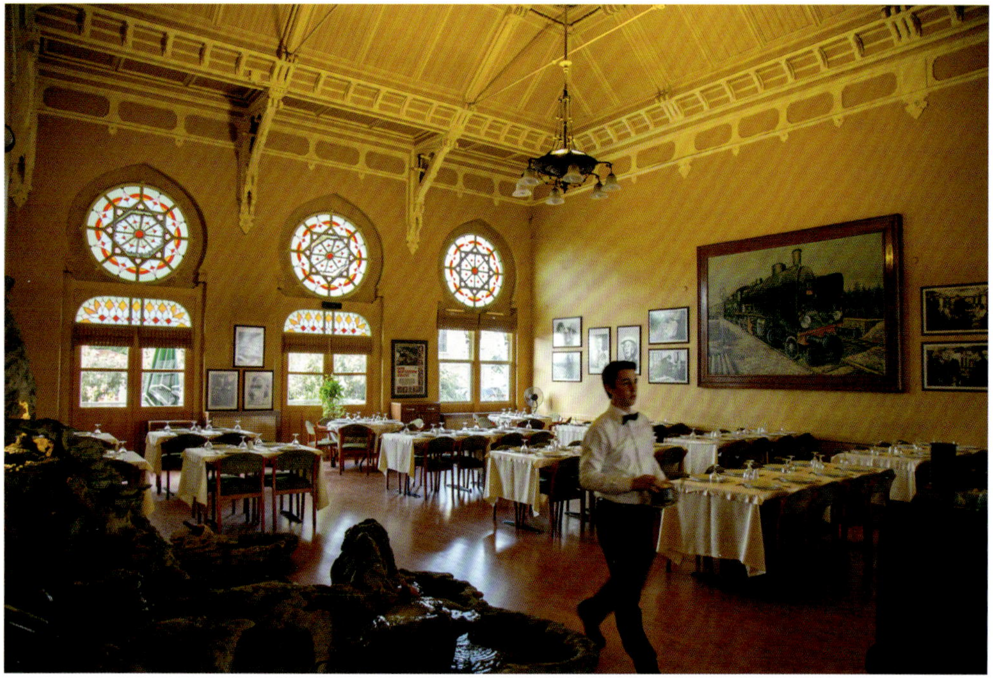

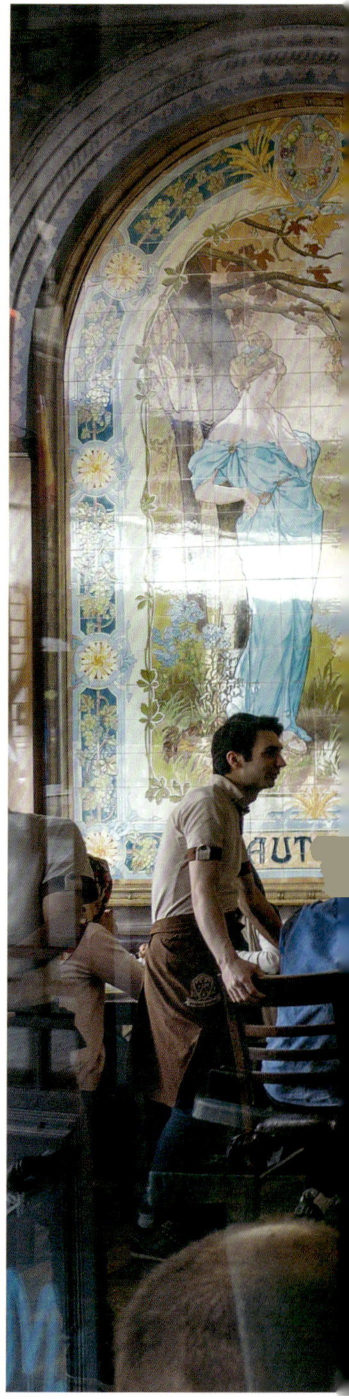

Der Speisesaal im Serkeci Bahnhof, bekannt als Bahnhof des »Orient-Express« 8

Das älteste Café Istanbuls, »Café Markiz«, in der İstiklâl Caddesi 17

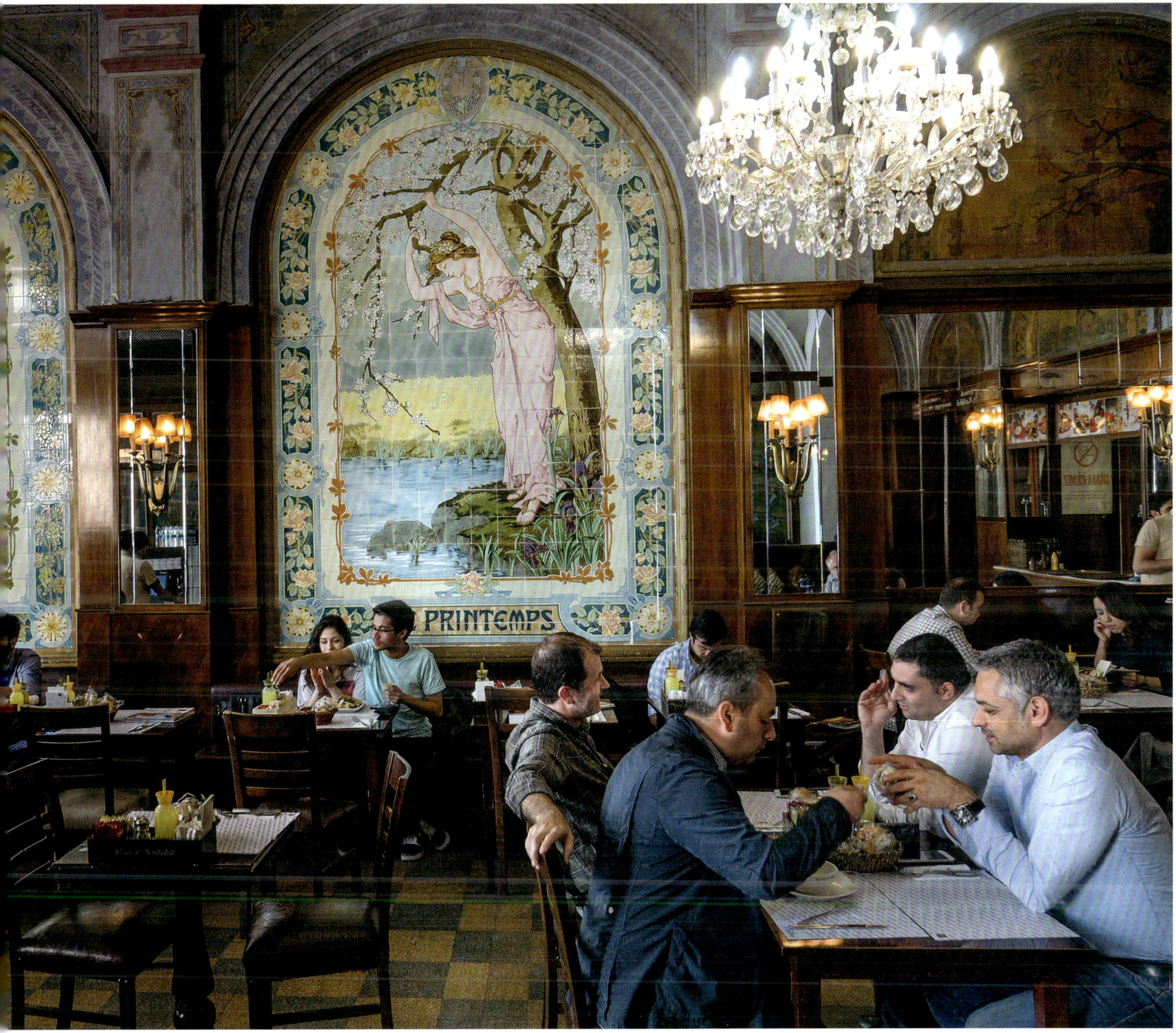
PRINTEMPS

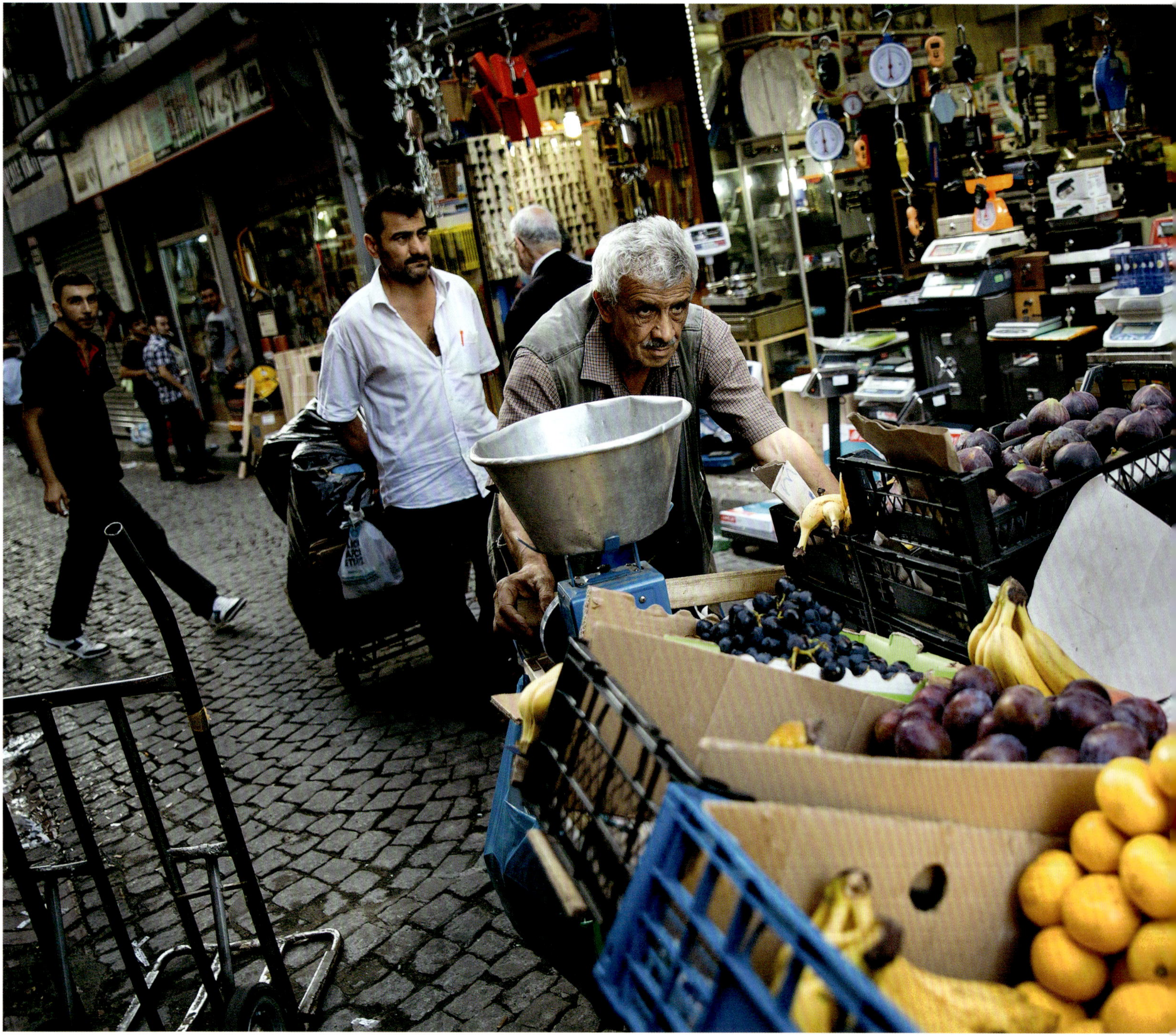

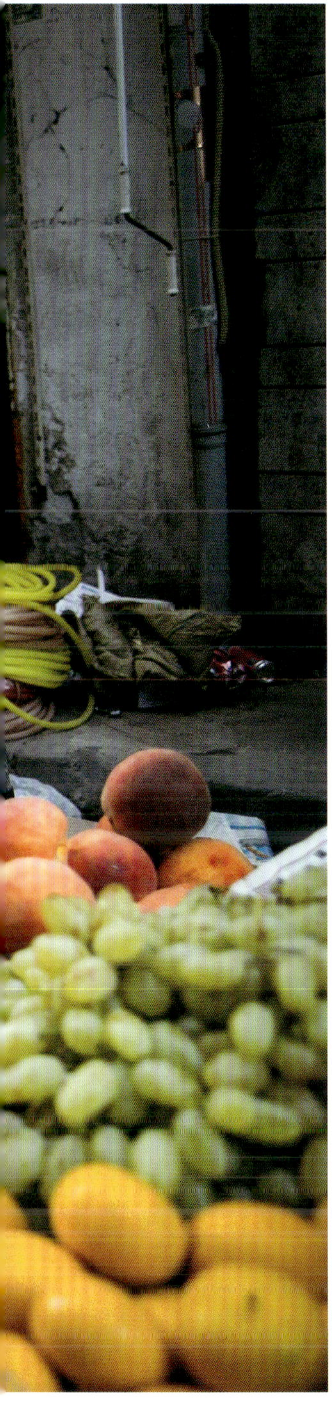

39 Obstverkäufer im Stadtteil Fatih

Eine von mehreren Shisha-Bars im Hof einer ehemaligen Koranschule in der Yeniçeriler Caddesi, unweit des Großen Basars 1

Sicht auf den Galataturm von der Büyük Hendek Caddesi 14

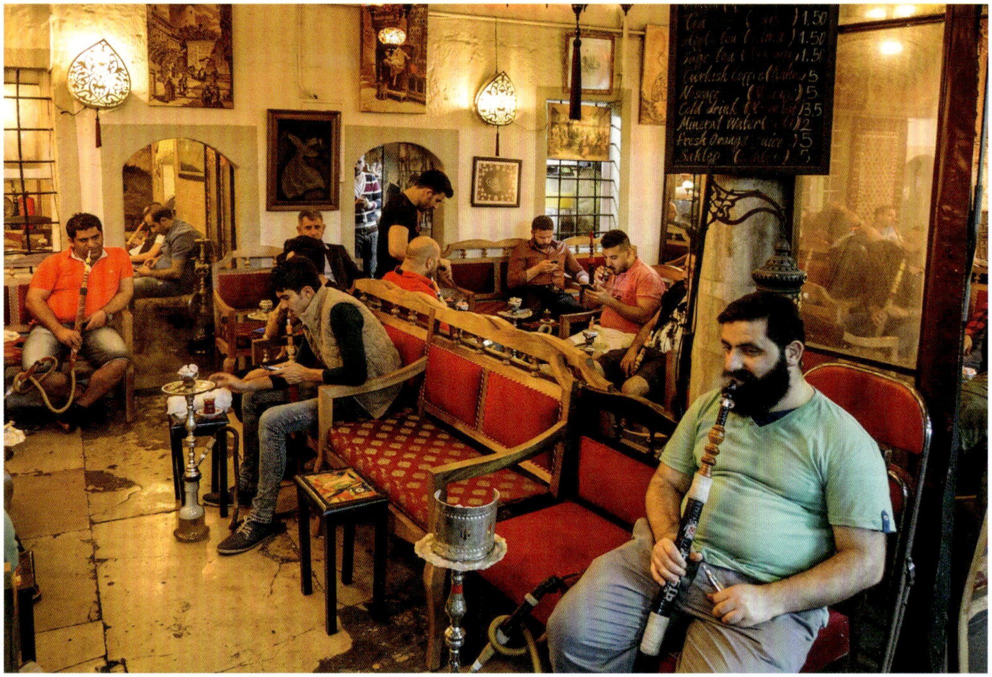

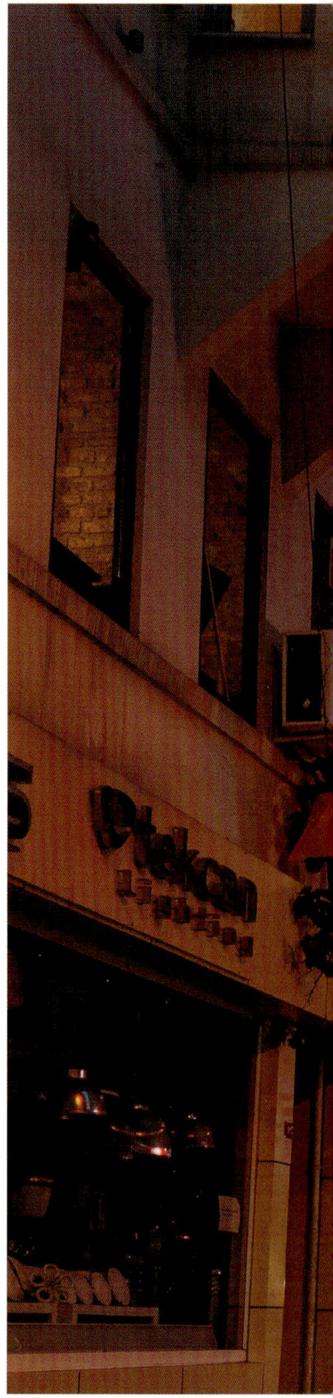

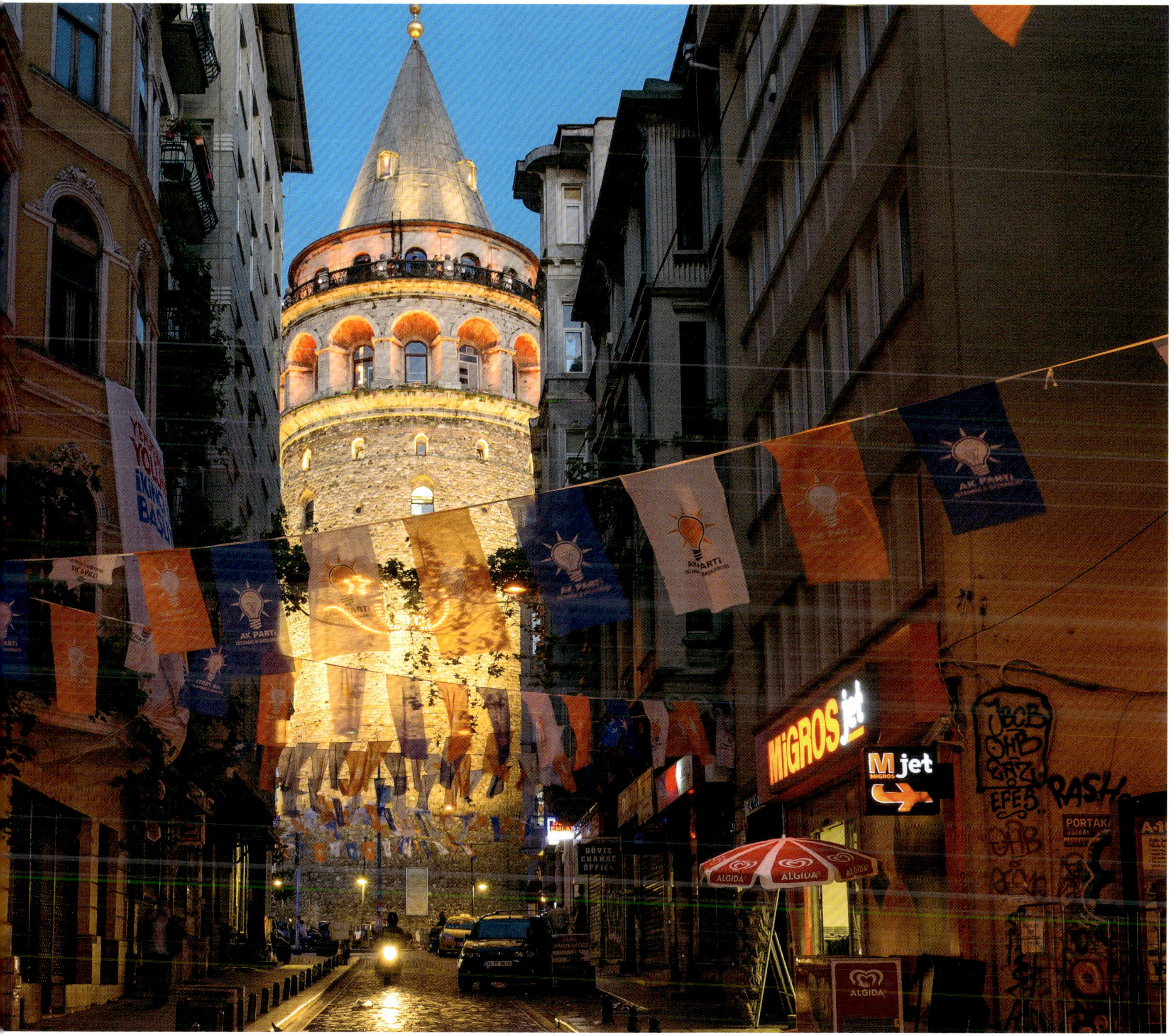
AK PARTİ
MiGROS jet
M jet
MIGROS
DÖVIZ
CHANGE
OFFICE
ALGIDA
ALGIDA
ALGIDA
ALGIDA

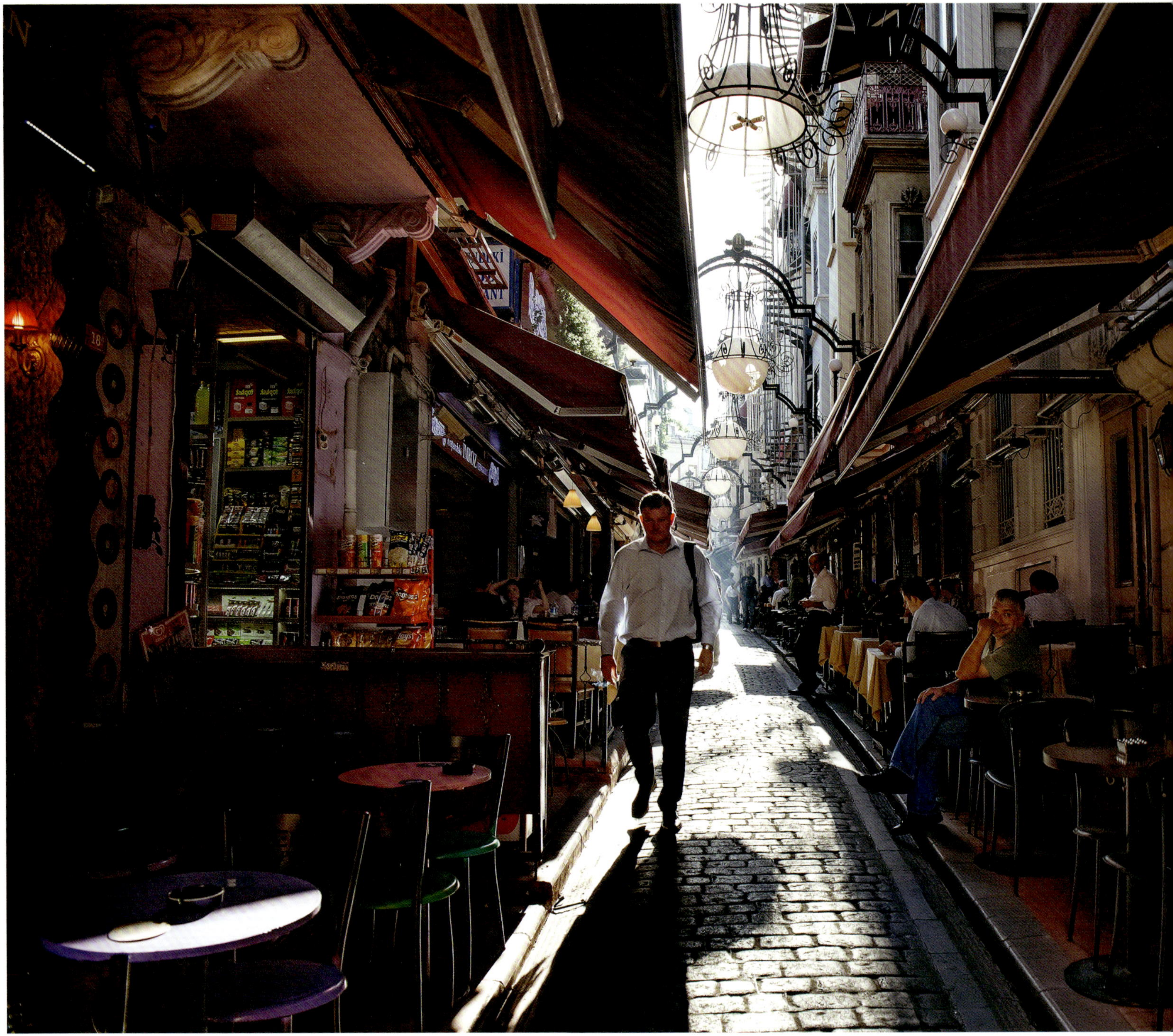

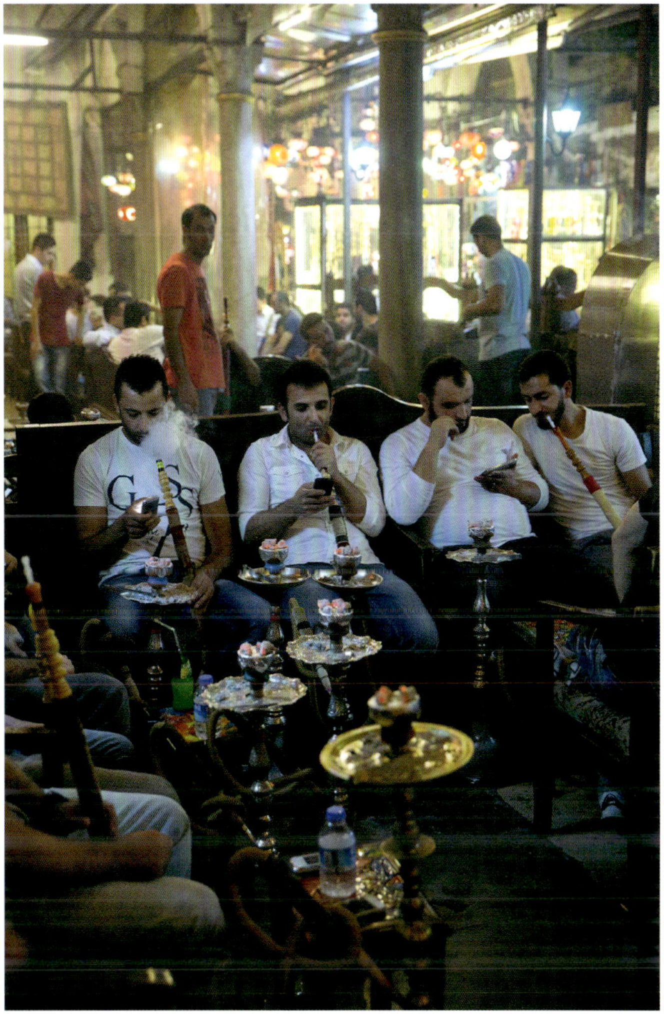

1 Shisha-Bars im Hof einer ehemaligen Koranschule in der Yeniçeriler Caddesi, unweit des Großen Basars

16 Eine Seitengasse der İstiklâl Caddesi

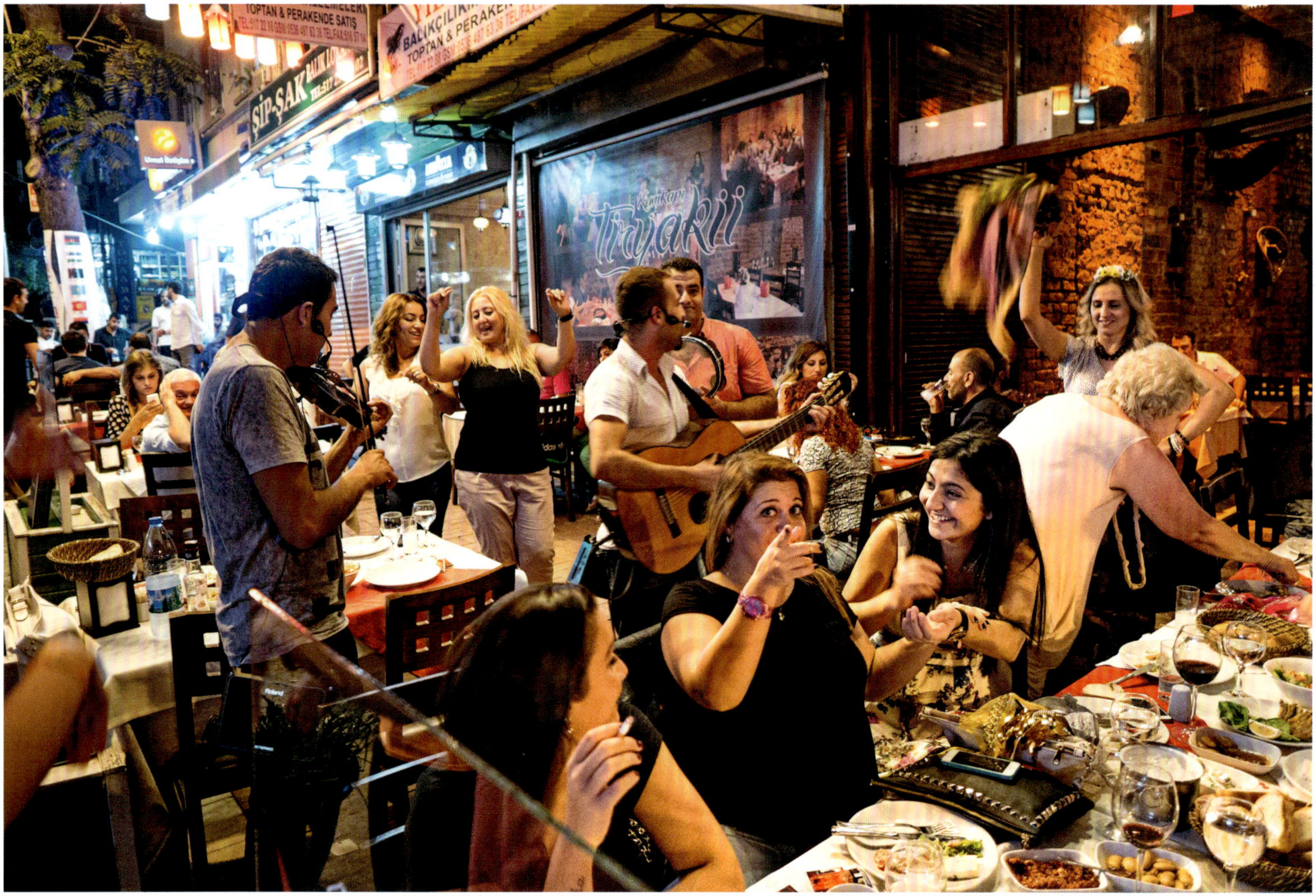

 Ausgelassene Stimmung in einem der zahlreichen Restaurants im Fischerviertel von Kumkapı 2

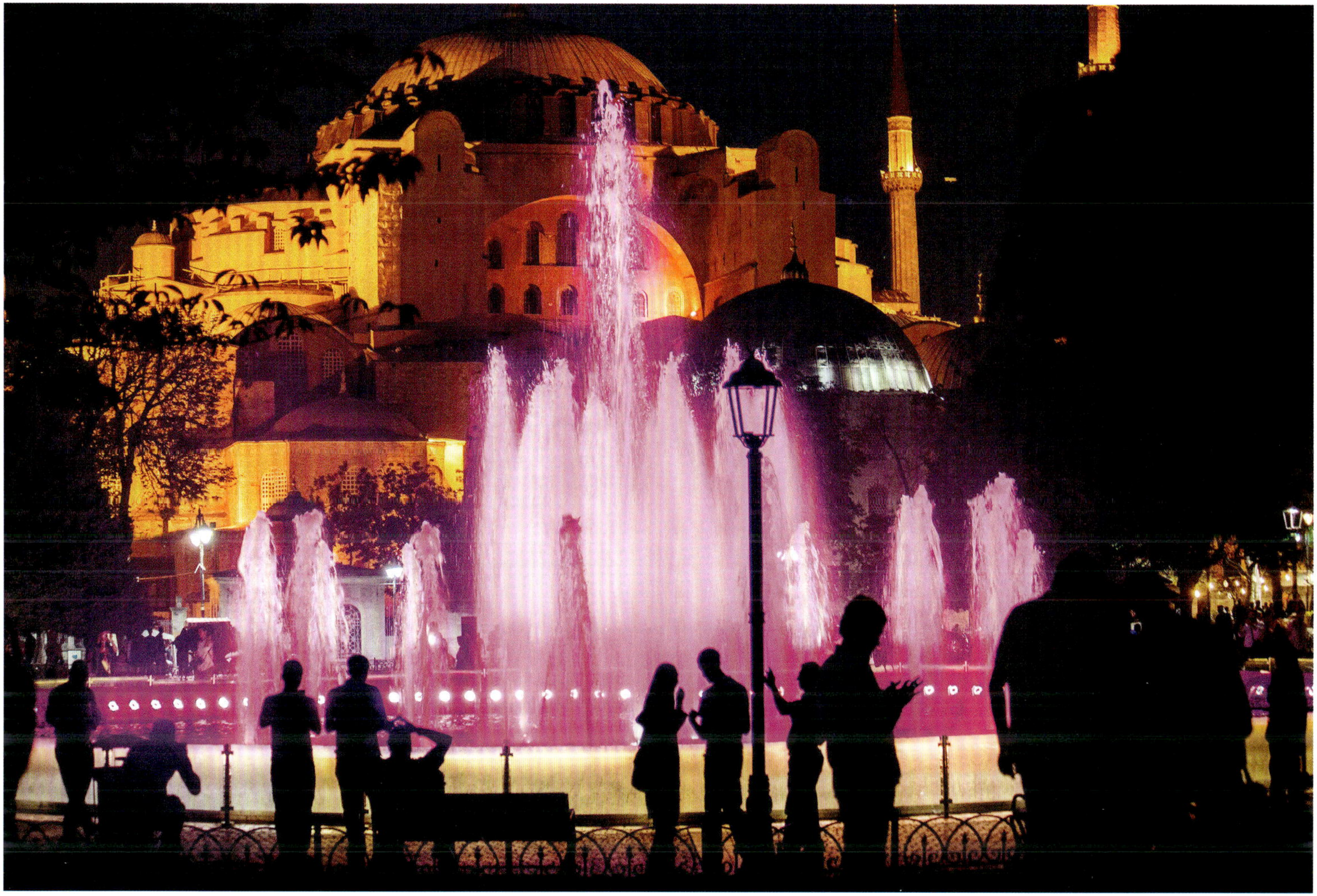

33 Der Springbrunnen zwischen der Blauen Moschee und der Hagia Sophia

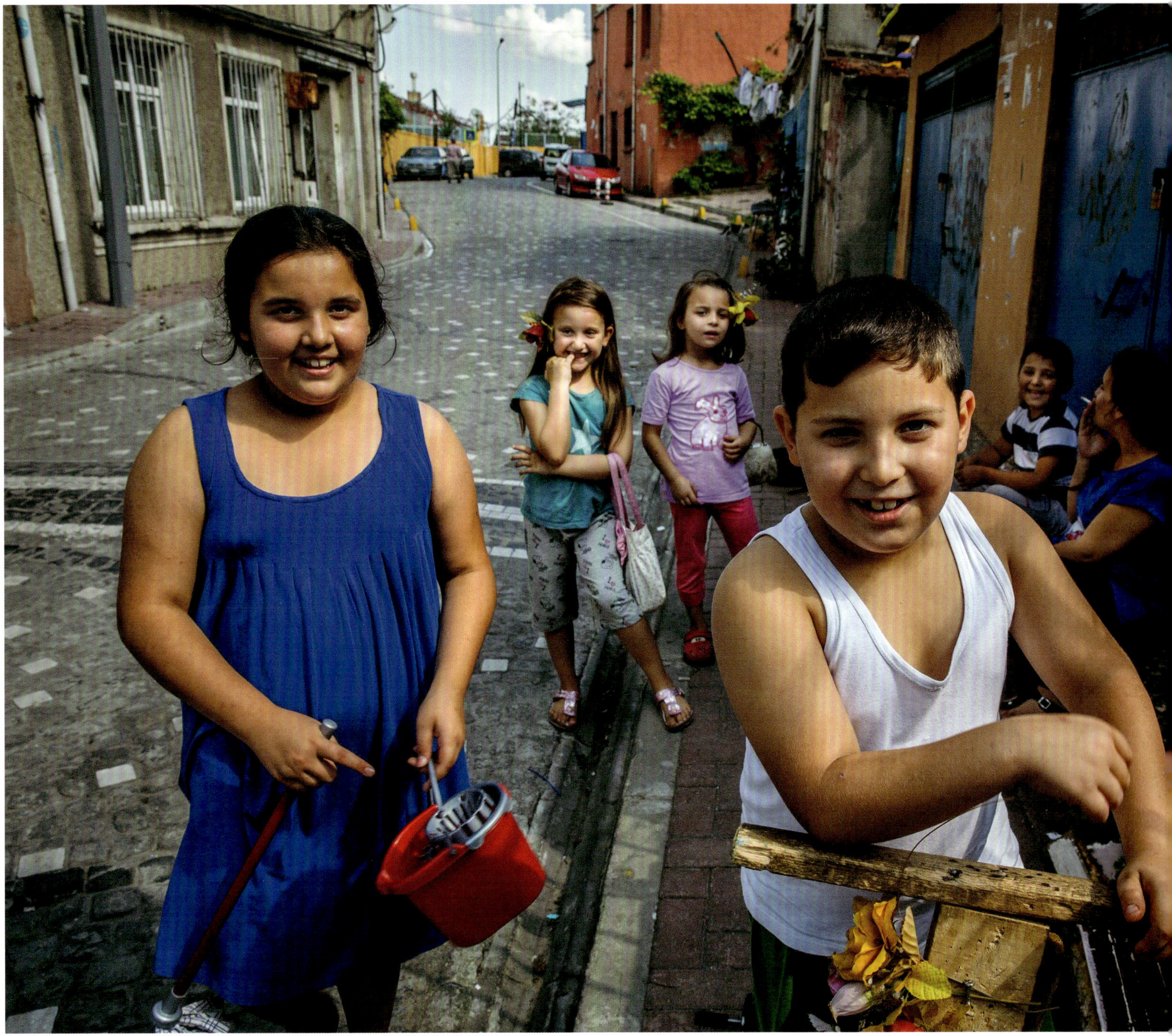

33 Entlang der alten Stadtmauer im Stadtteil Balat

23 Im Roma-Viertel von Balat

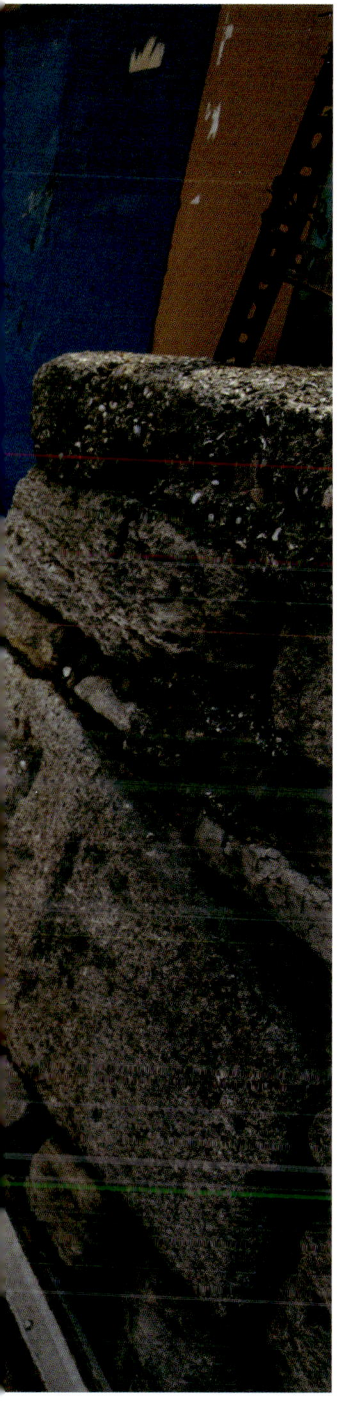

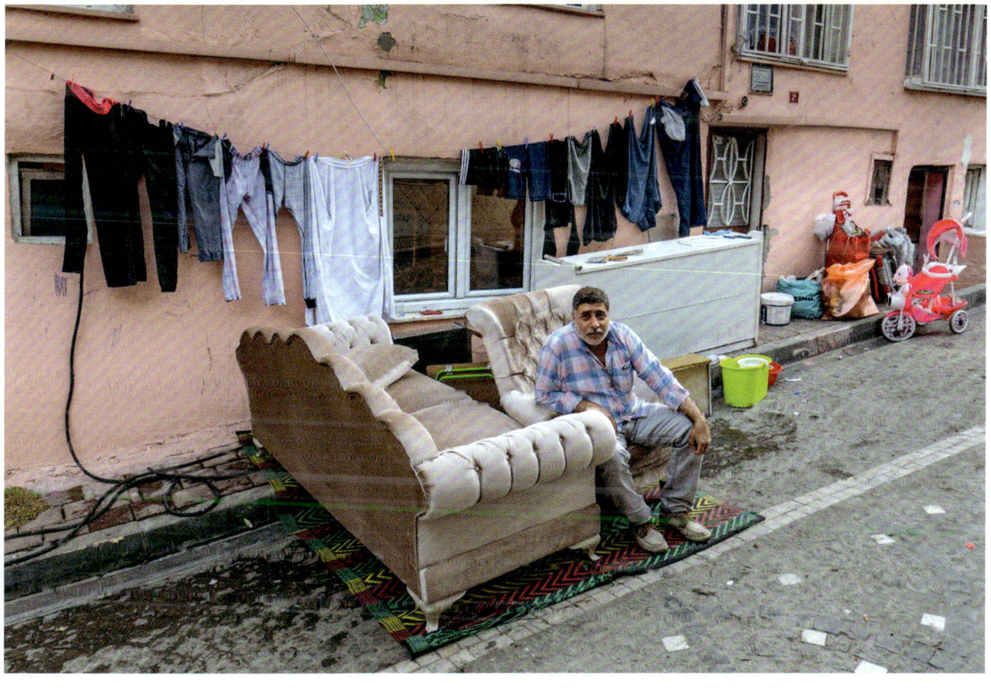

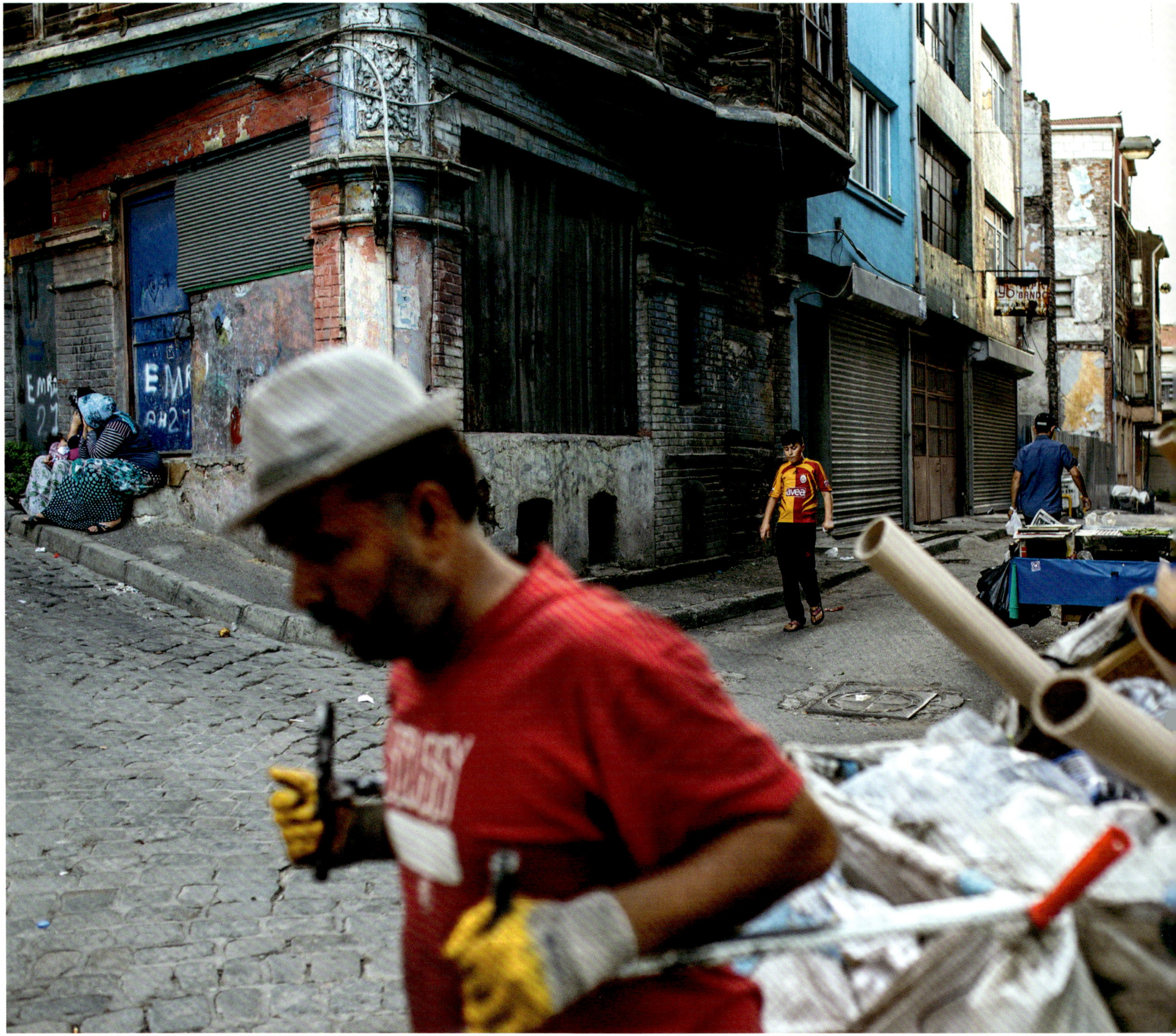
avea

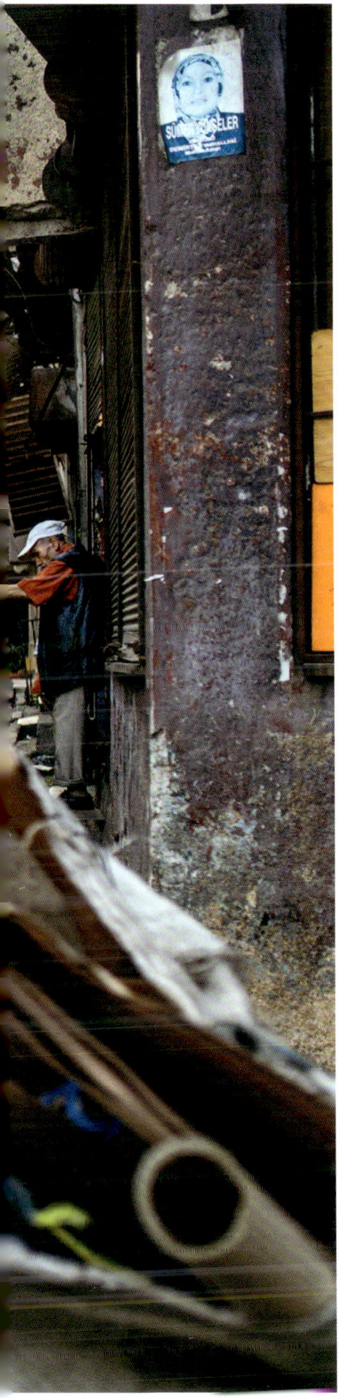

23 Müllsammler im Stadtteil Küçükpazar

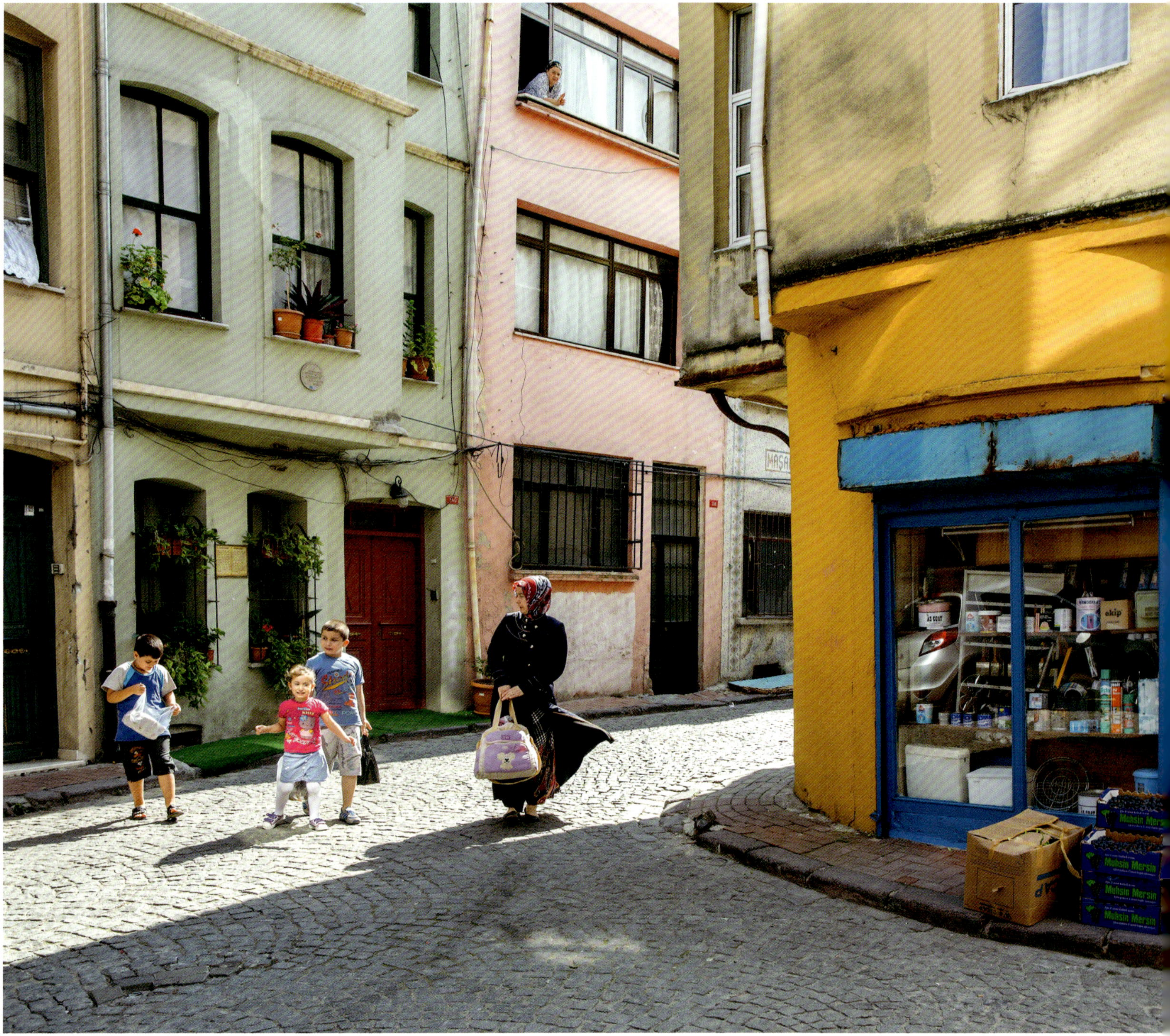
Muhsin Mersin

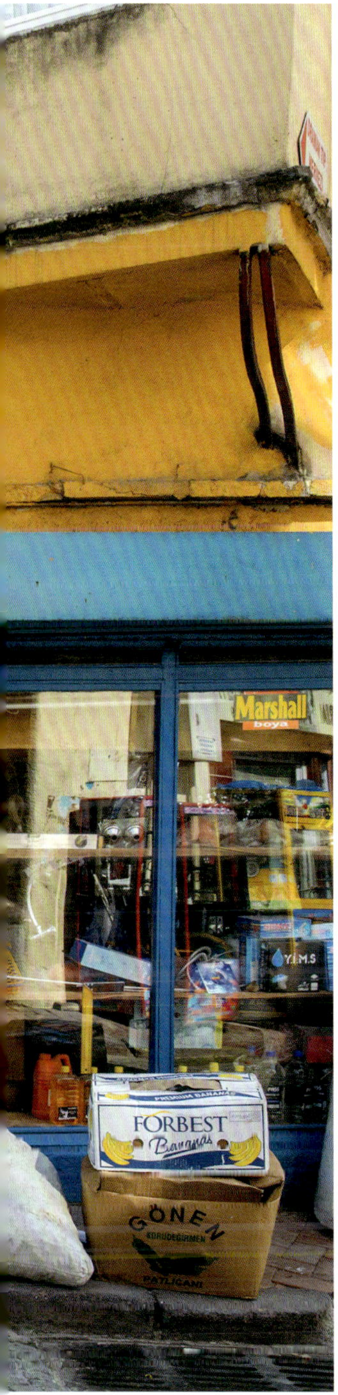

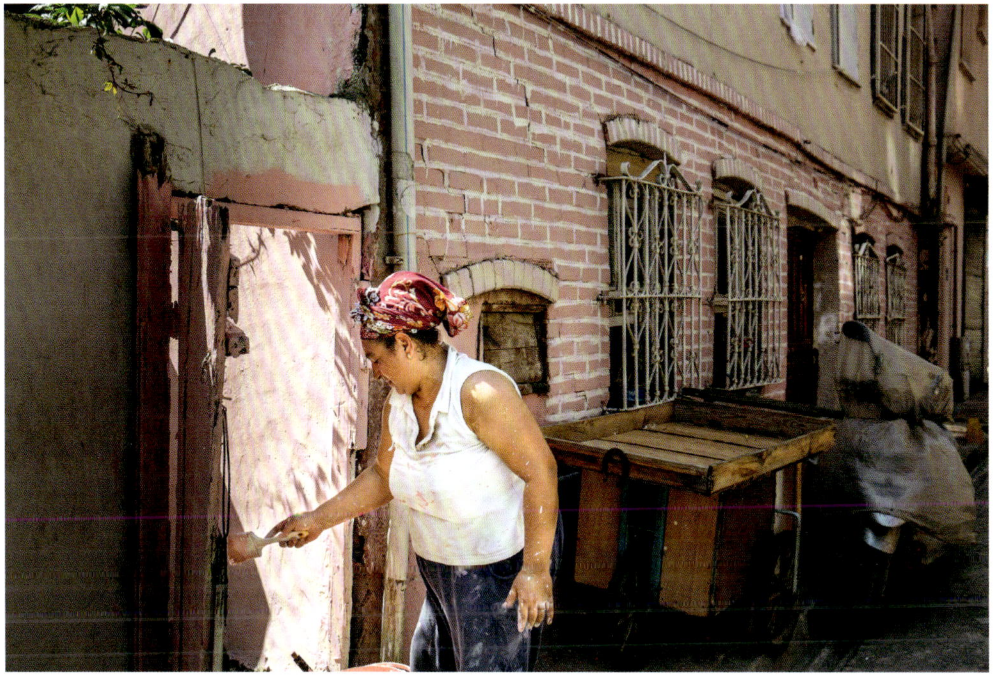

23 Straßenecke im Stadtteil Kuçukpazar

33 Entlang der alten Stadtmauer im Stadtteil Balat

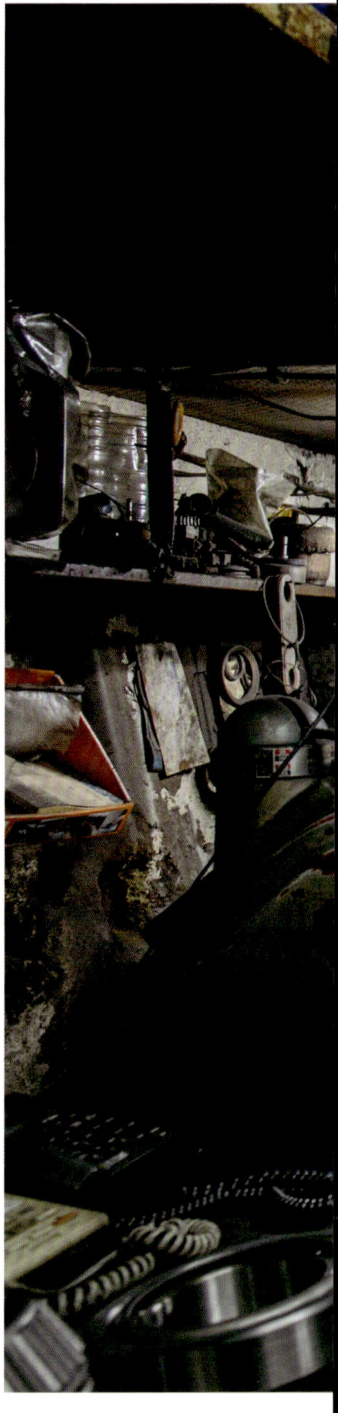

 Metallwerkstatt im Viertel Karaköy, nahe der Galatabrücke 11

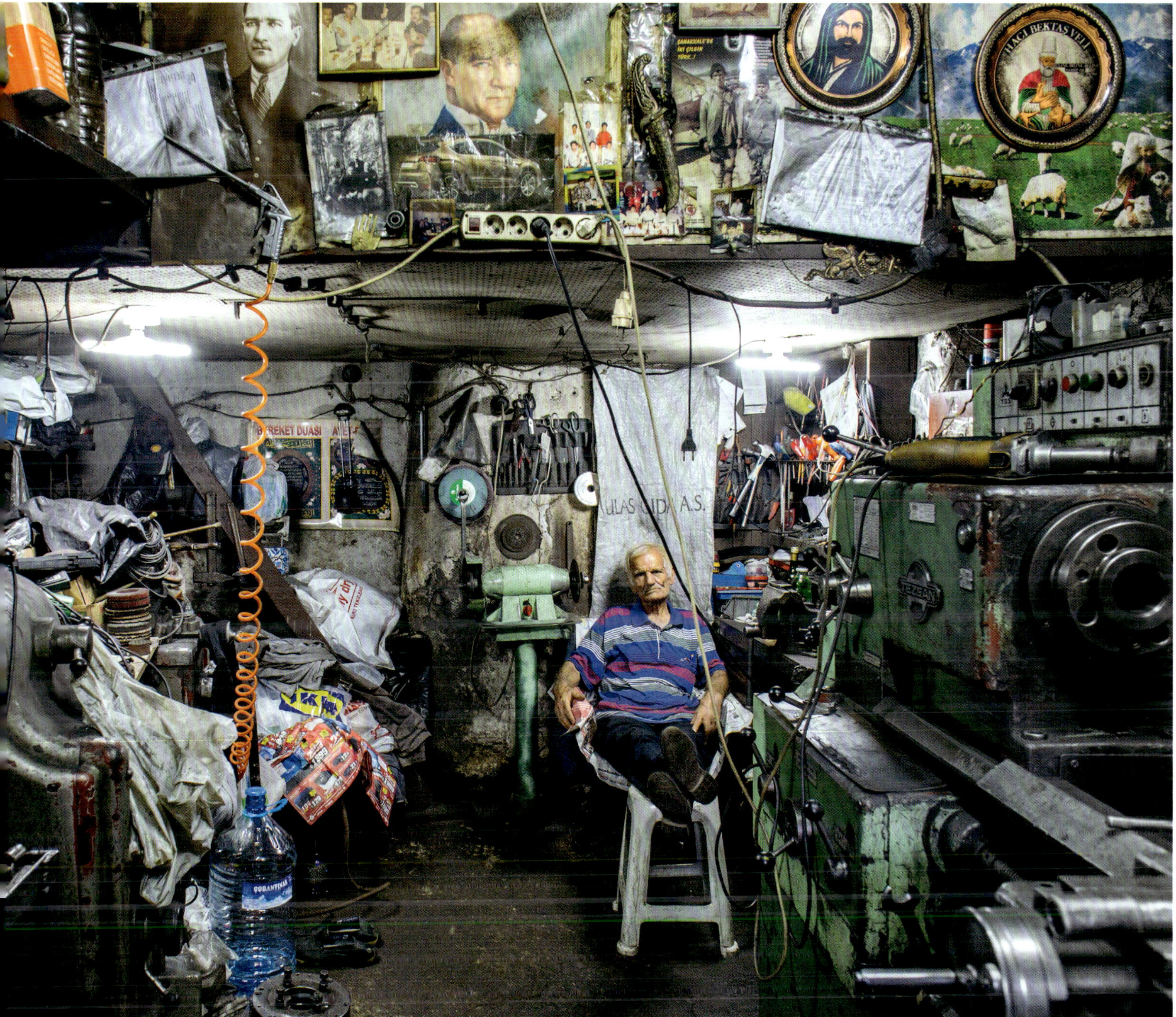
HACI BEKTAS VELI
BEREKET DUASI
ULAS GIDA A.S.

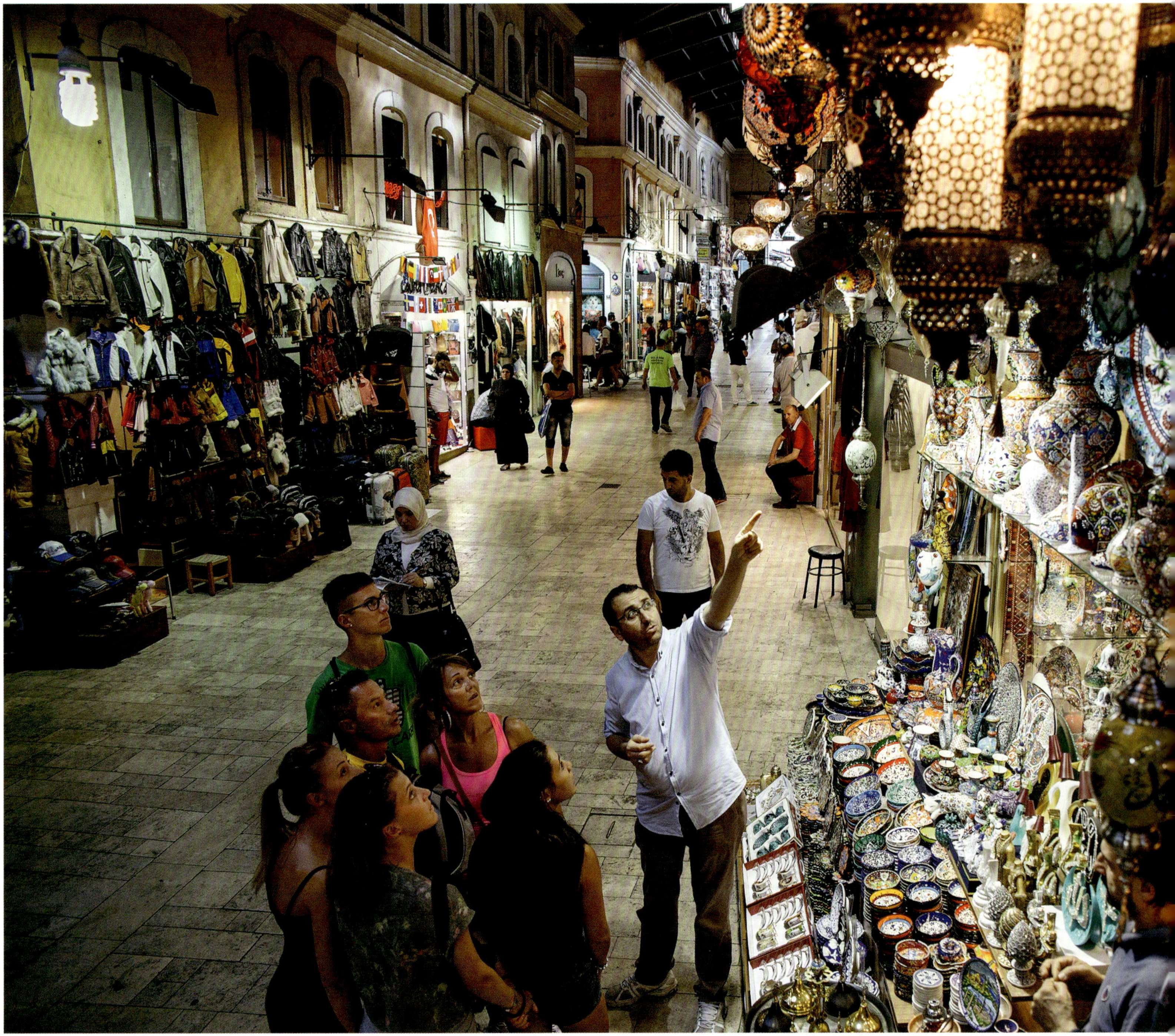

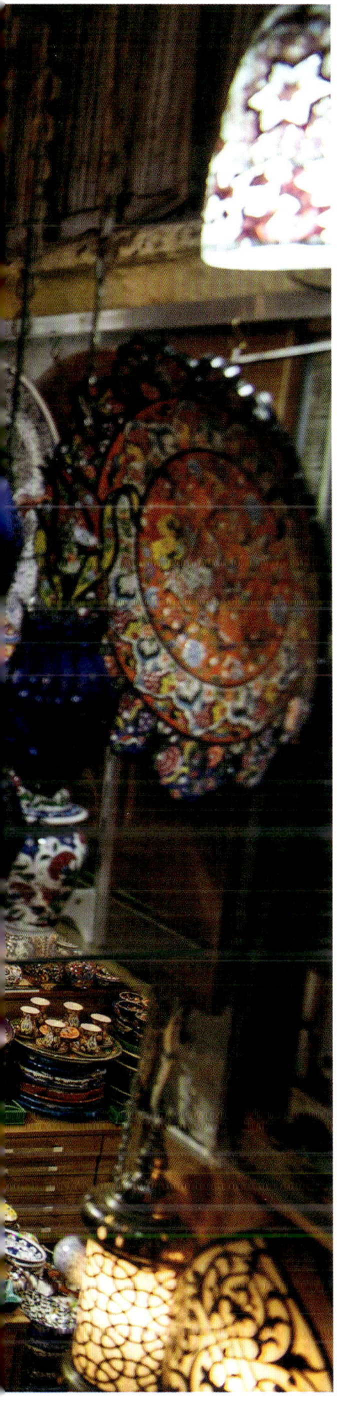

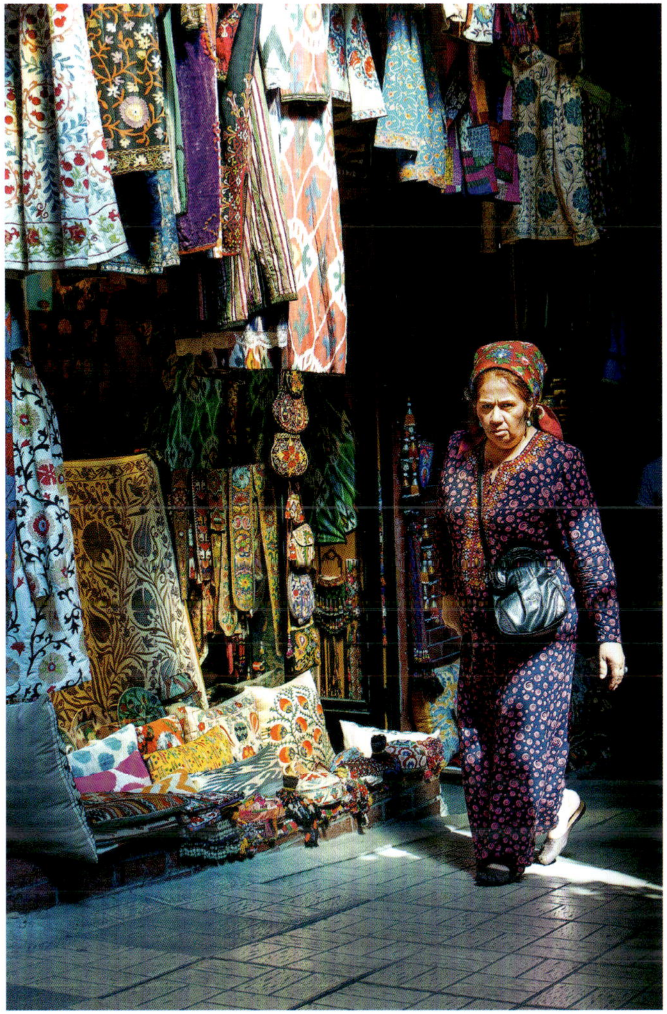

1 Der Lederbasar im Großen Basar mutet an wie eine venezianische Straße

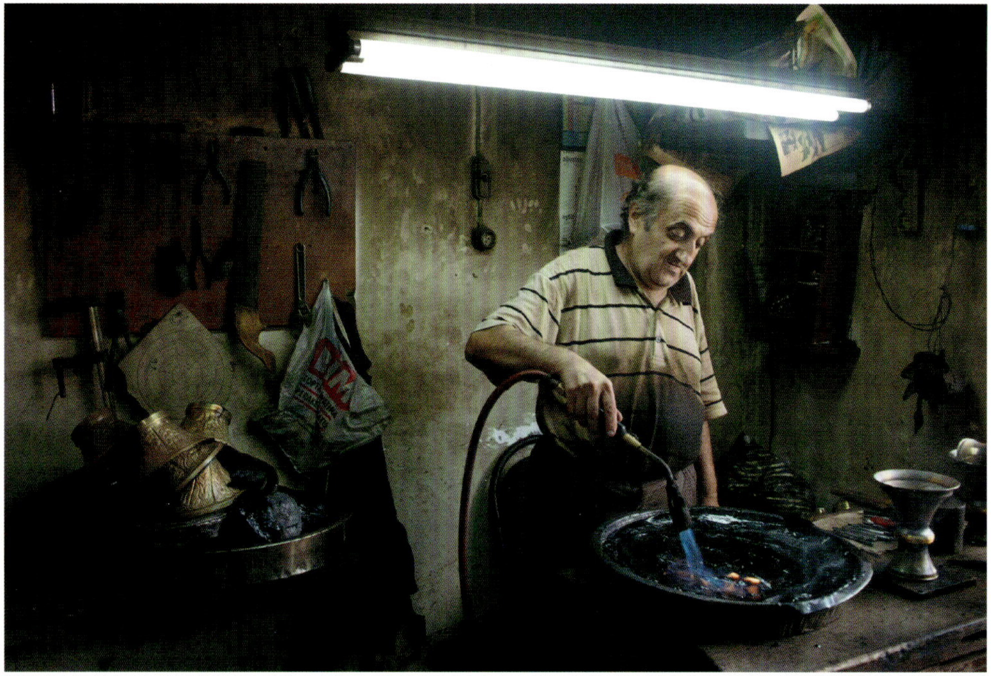

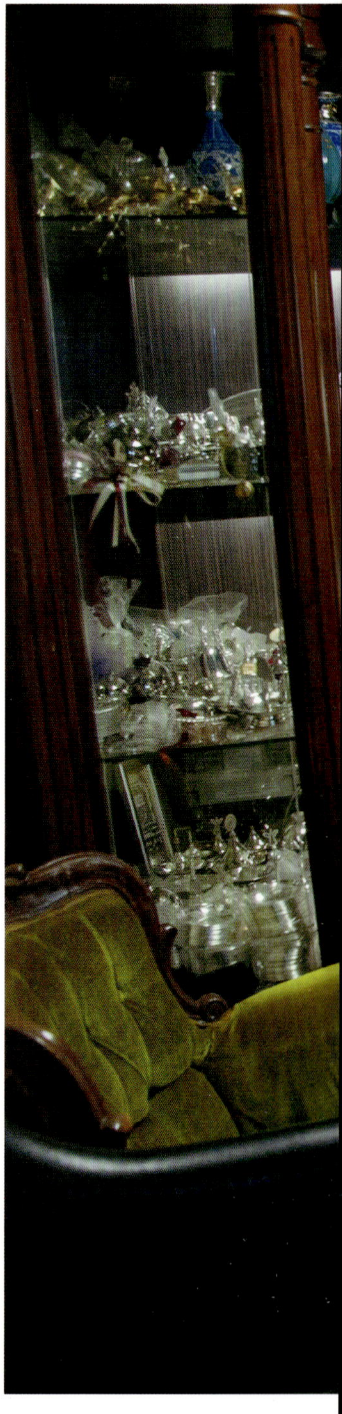

Die Silberschmieden befinden sich in unmittelbarer Nähe der Händler im Großen Basar 1

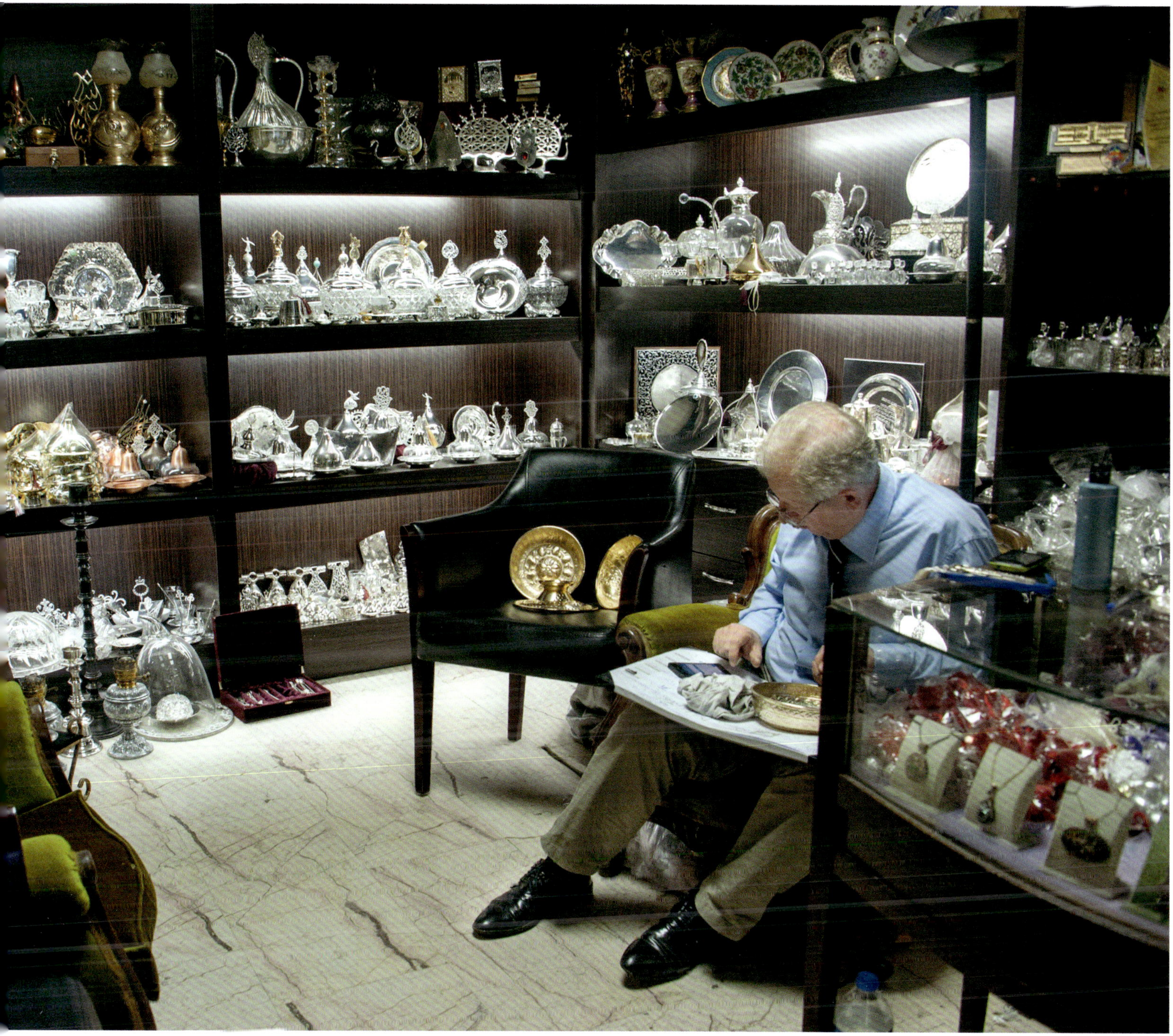

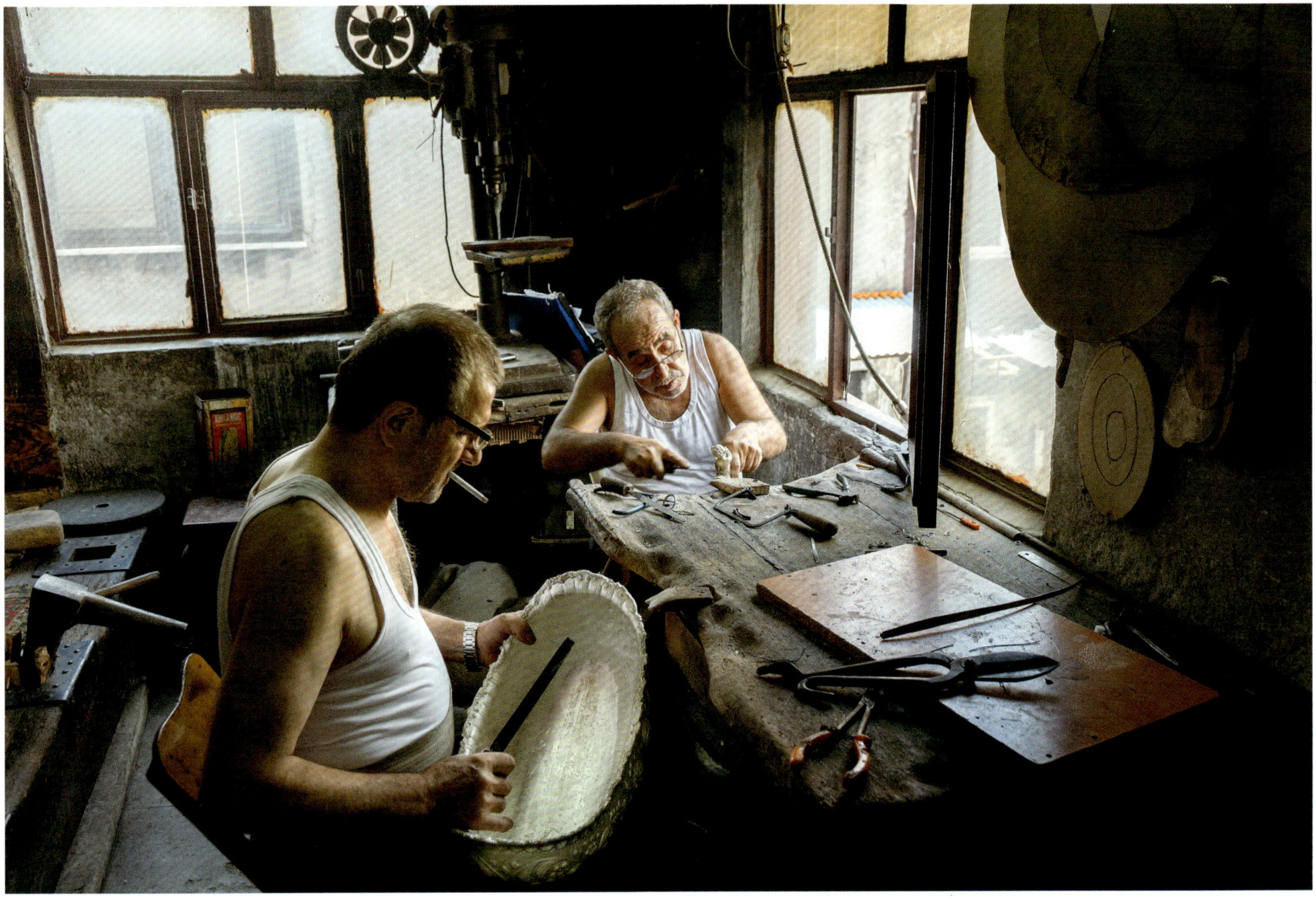

In den zahlreichen Silberwerkstätten nahe des Großen Basars wird vom Serviettenring bis zur großen Obstschale alles in Handarbeit gefertigt 1

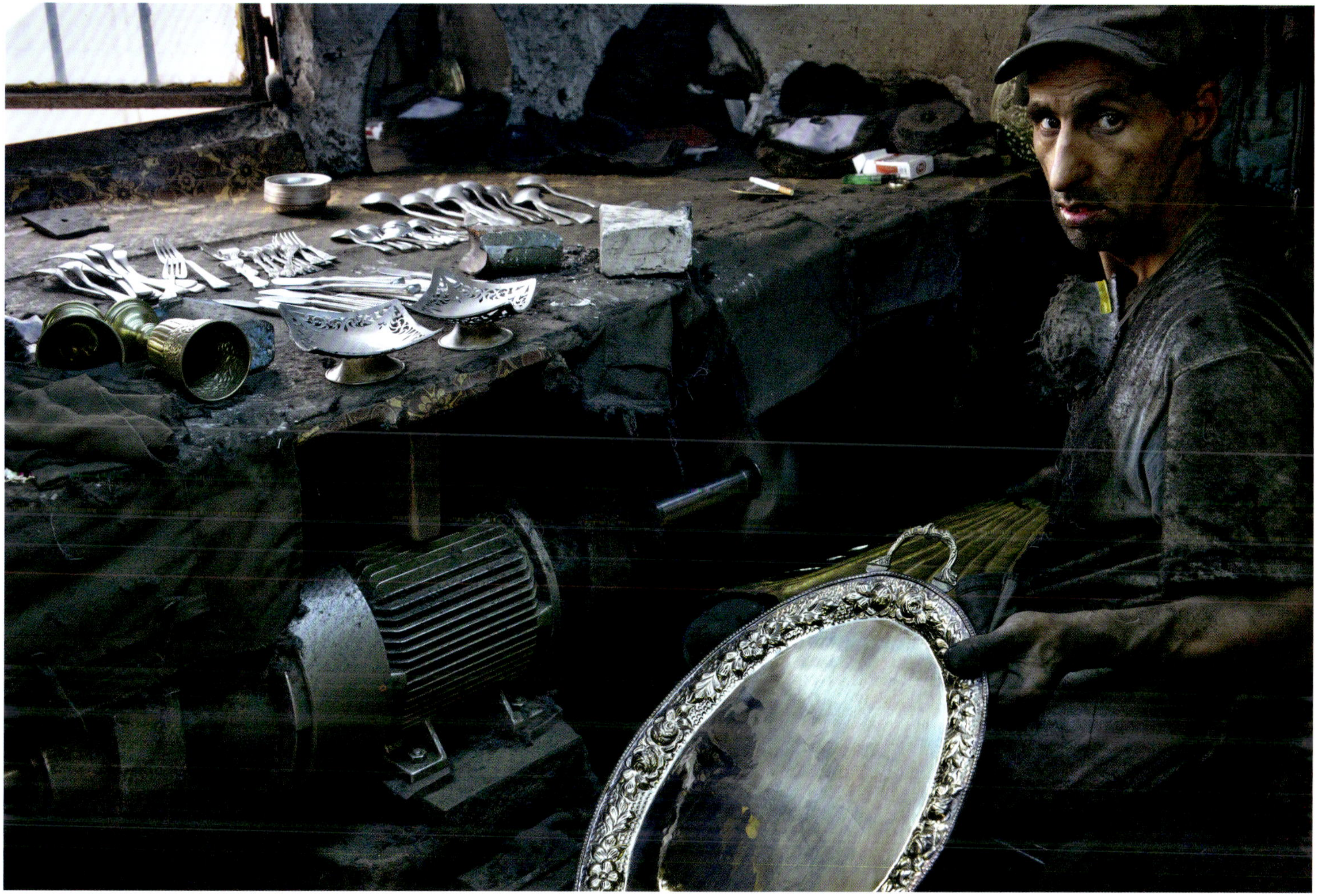

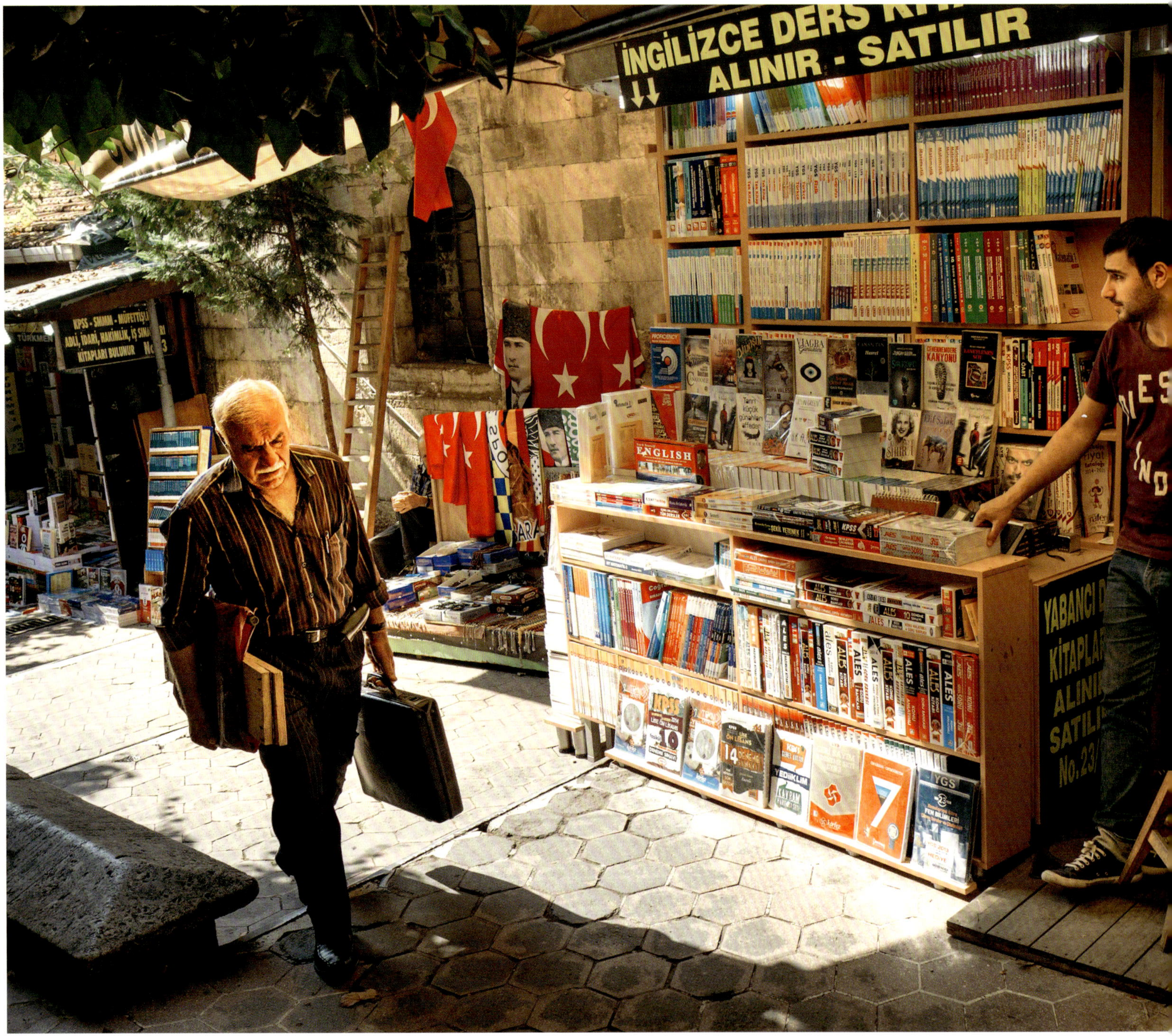
İNGİLİZCE DERS
ALINIR - SATILIR
ENGLISH
YABANCI D
KİTAPLAR
ALINI
SATILI
No.23/

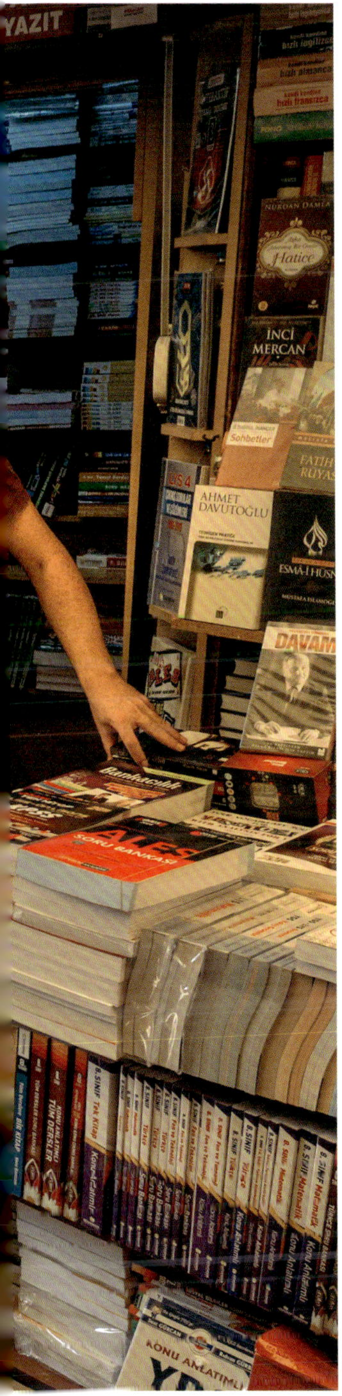

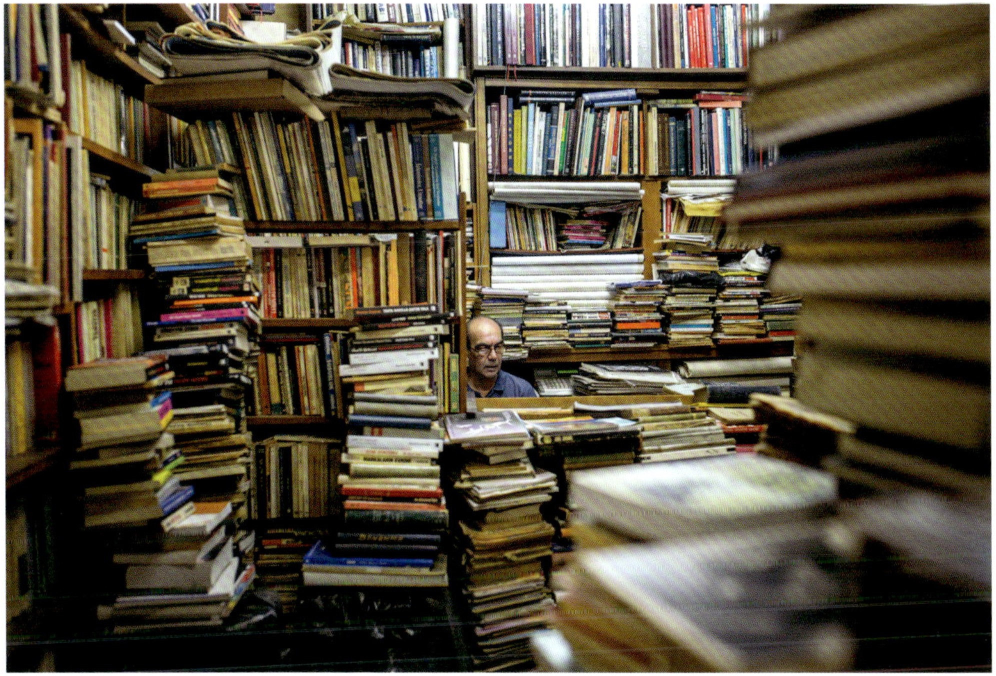

1 Der Bücherbasar »Sahaflar Çarşisi« liegt zwischen der Beyazit-Moschee und dem Großen Basar

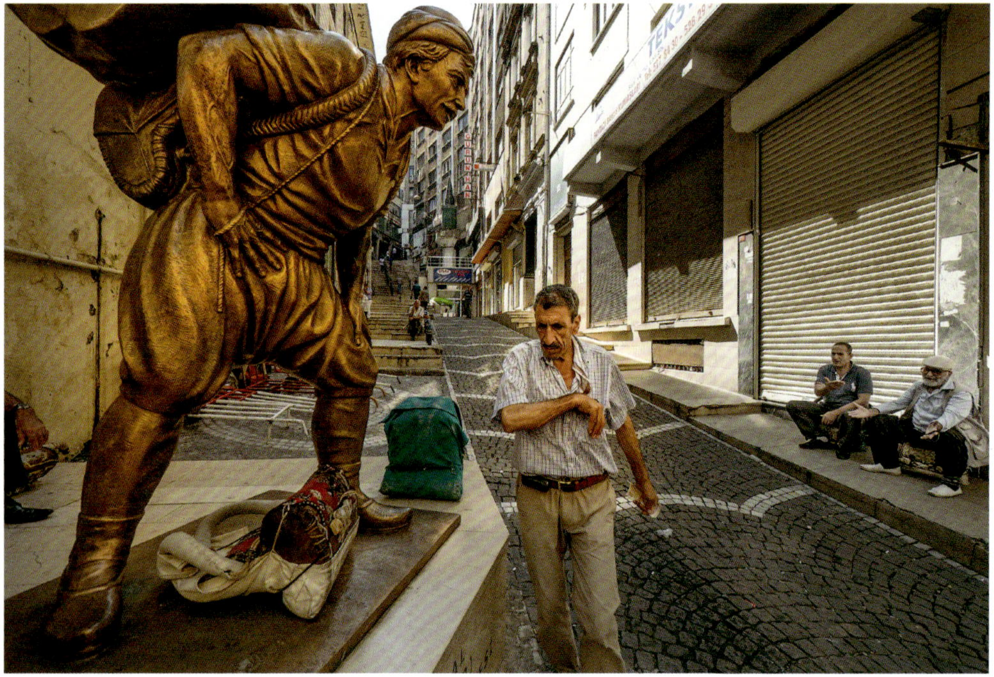

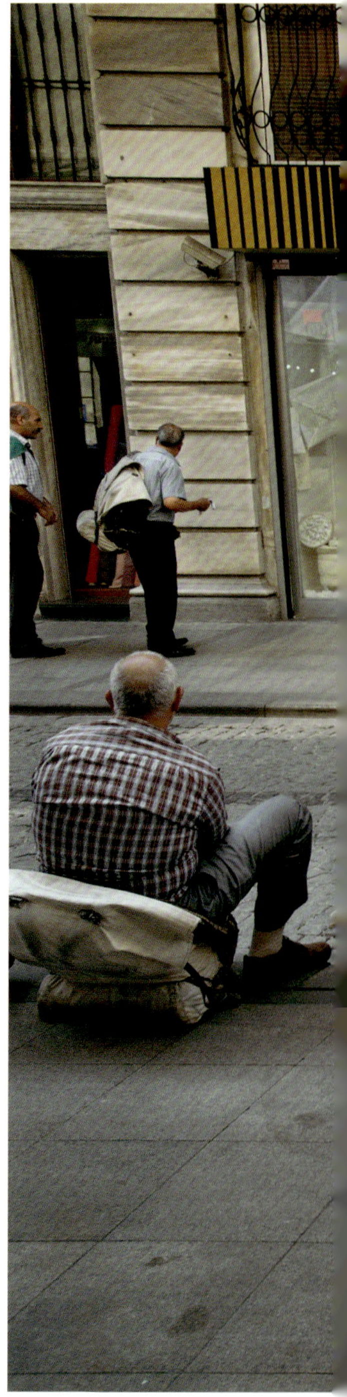

Das Denkmal der »Hamal« – der Istanbuler Lastenträger – steht in der Hanimeli Sokağı 34

Wartende Lastenträger in der Aşirefendi Caddesi 34

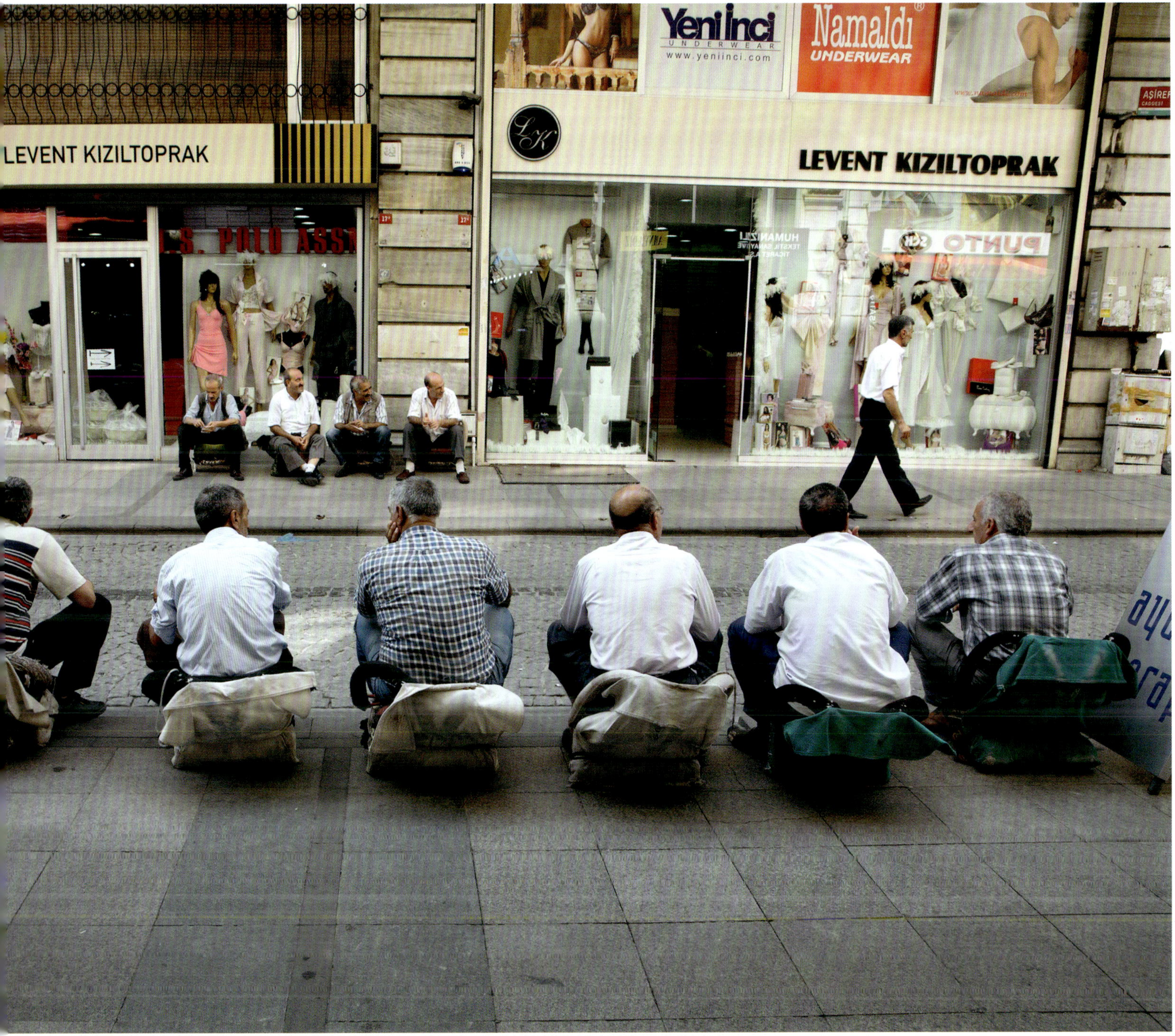
LEVENT KIZILTOPRAK
Yeniinci
UNDERWEAR
www.yeniinci.com
Namaldı
UNDERWEAR
LEVENT KIZILTOPRAK

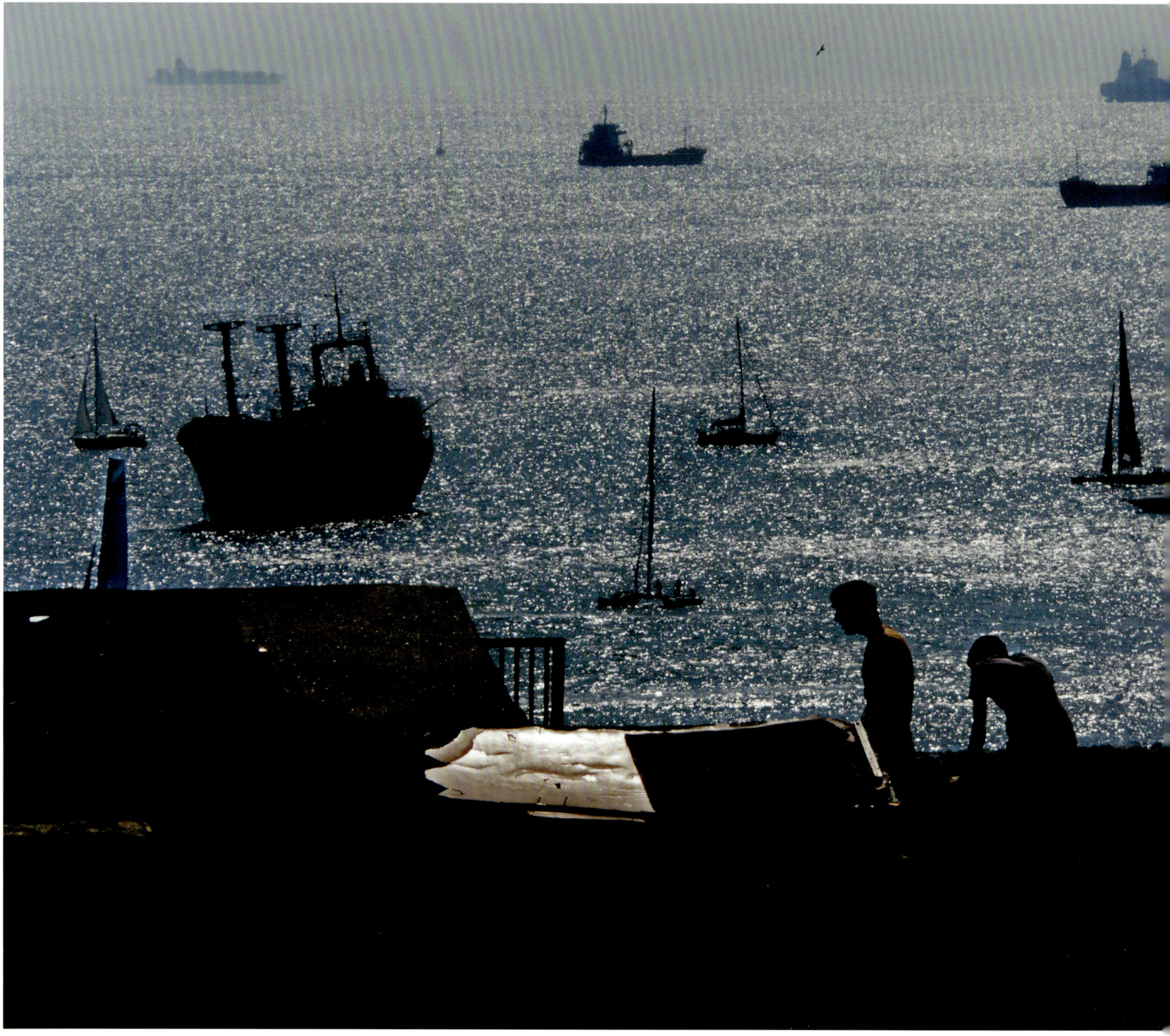

2 Blick über die Dächer von Kumkapı auf das Marmarameer

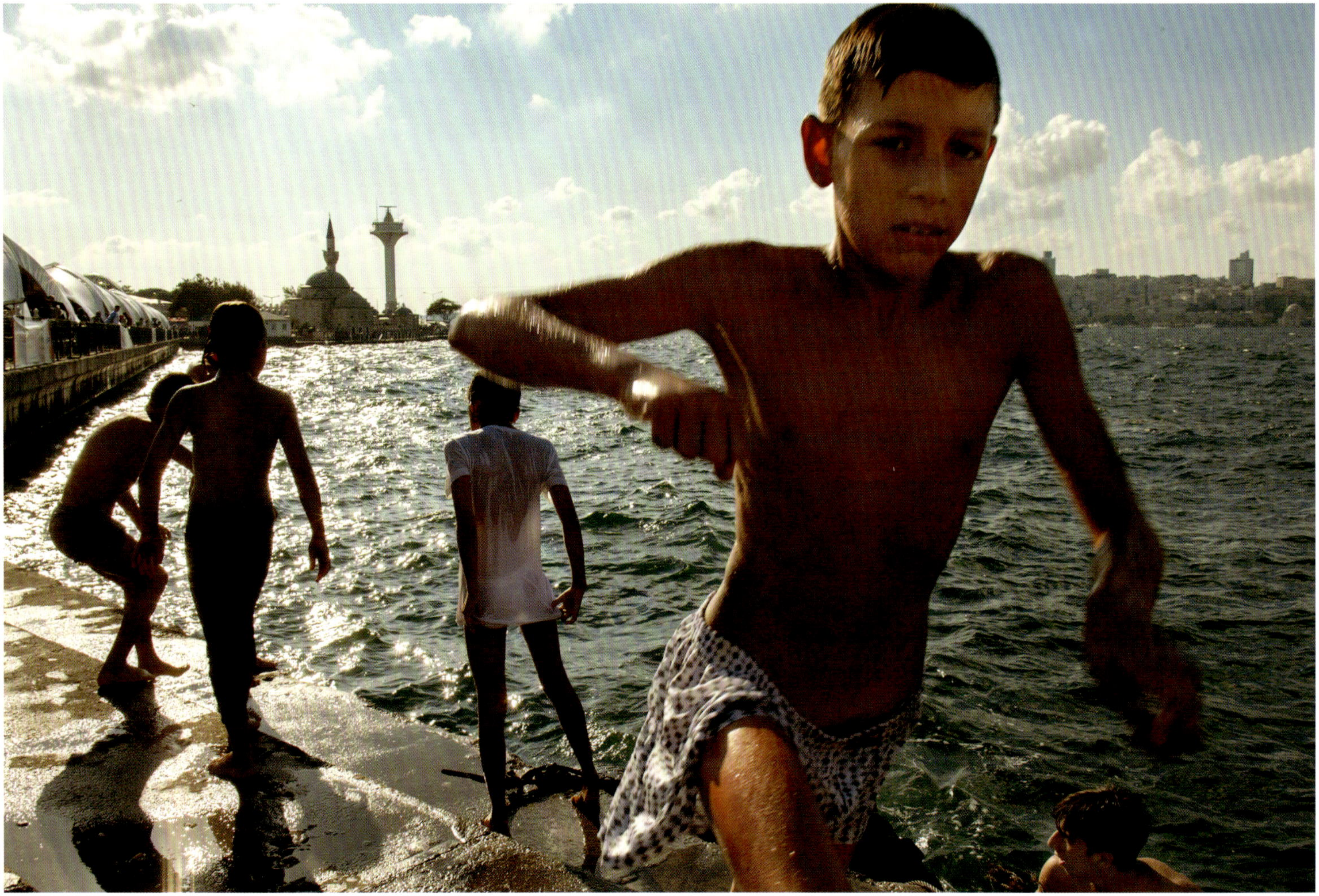

 Badende Kinder am Bosporus 35

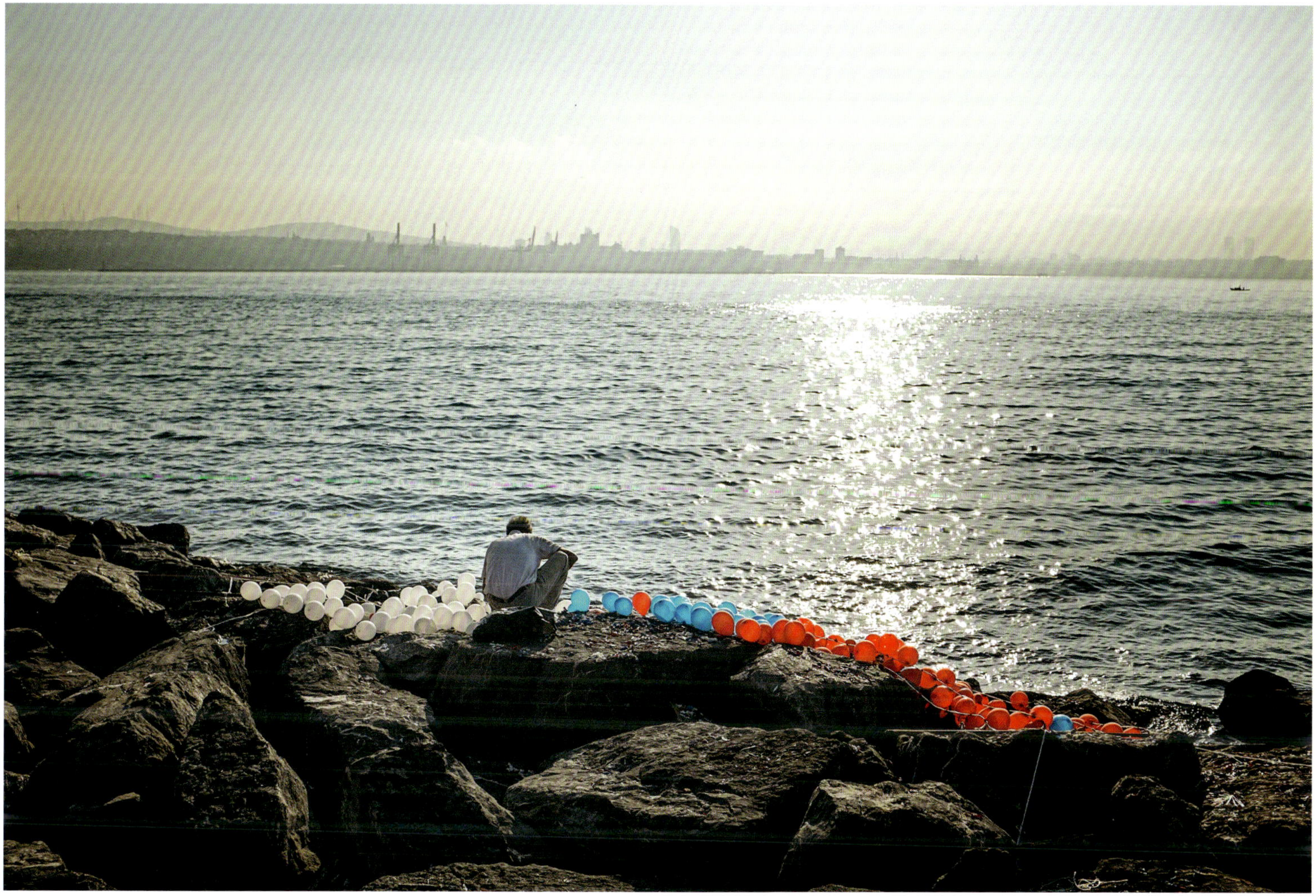

36 Am Ufer des Marmarameeres präpariert ein Mann dutzende von Luftballons, auf die man mit einem Luftgewehr schießen kann

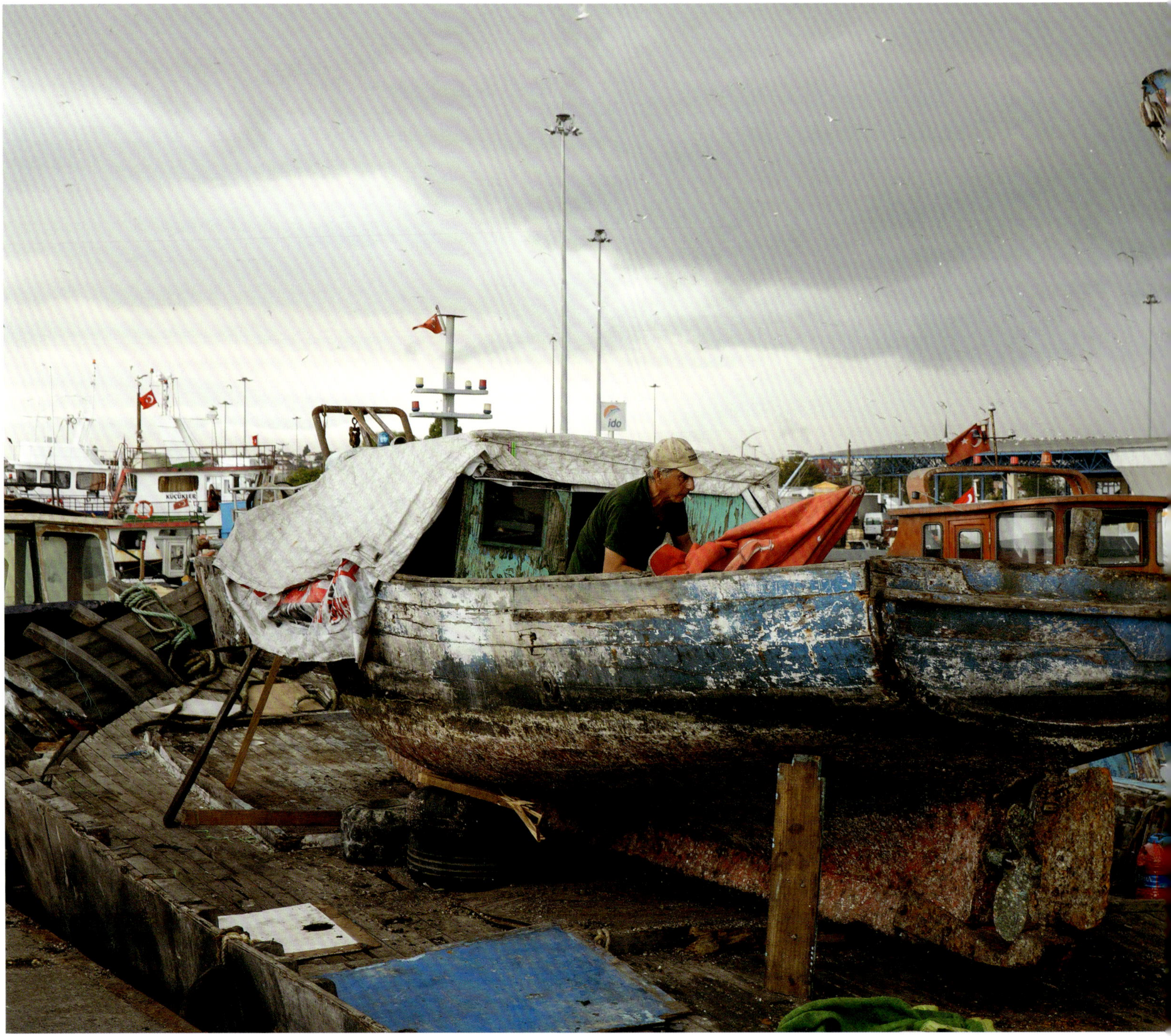
KÜÇÜKLER
ido

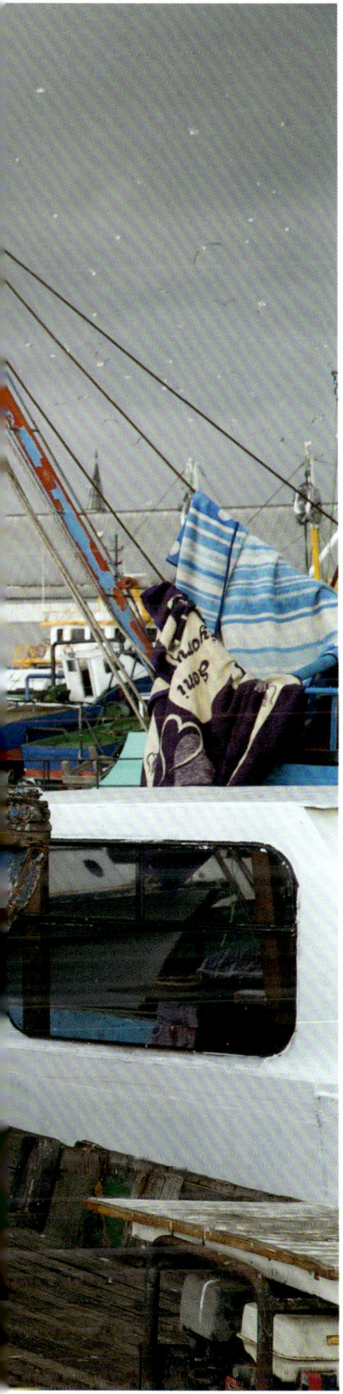

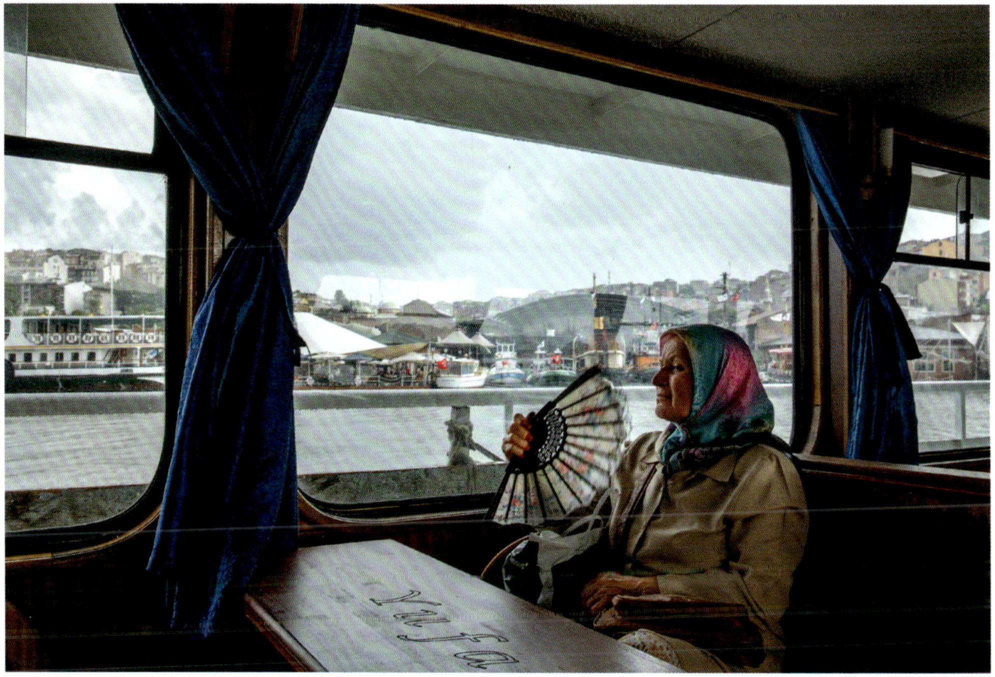

Im Fischereihafen am Marmarameer an der Kennedy Caddesi im Stadtteil Kumkapı

Auf einer der Bosporus-Fähren

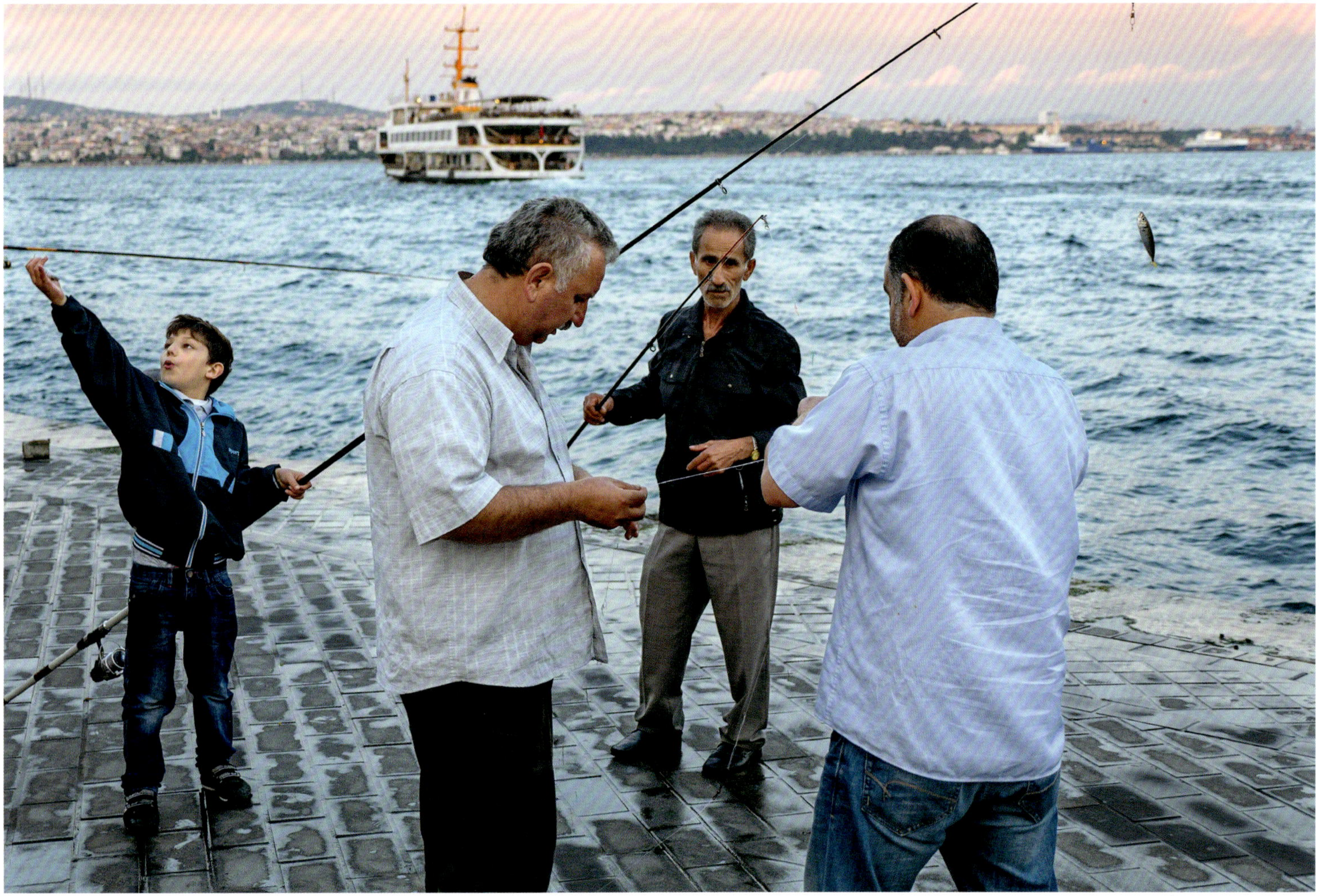

Angler am Fähranleger in Karaköy, nahe der Galatabrücke 10

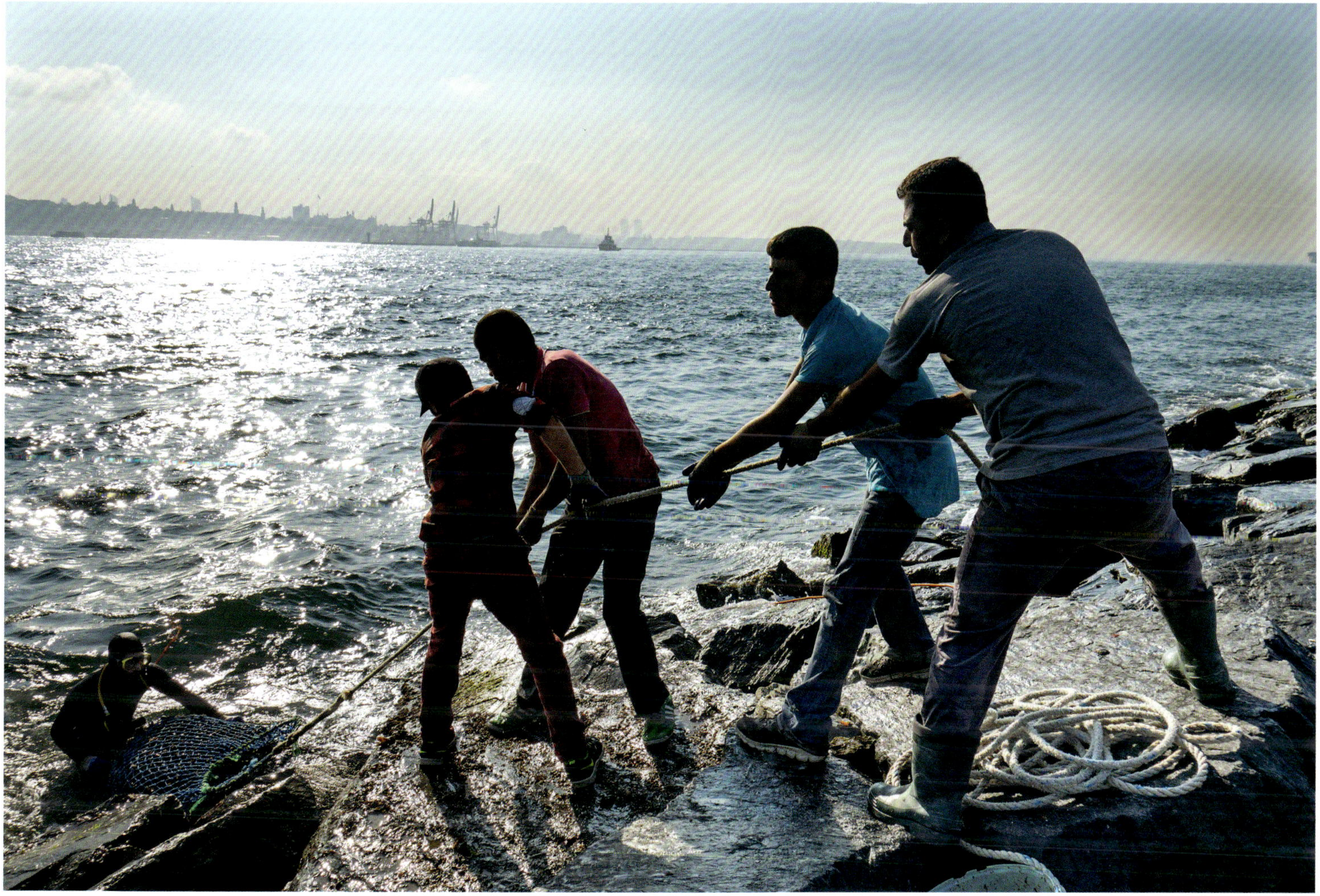

36 Muscheltaucher am Ufer des Bosporus

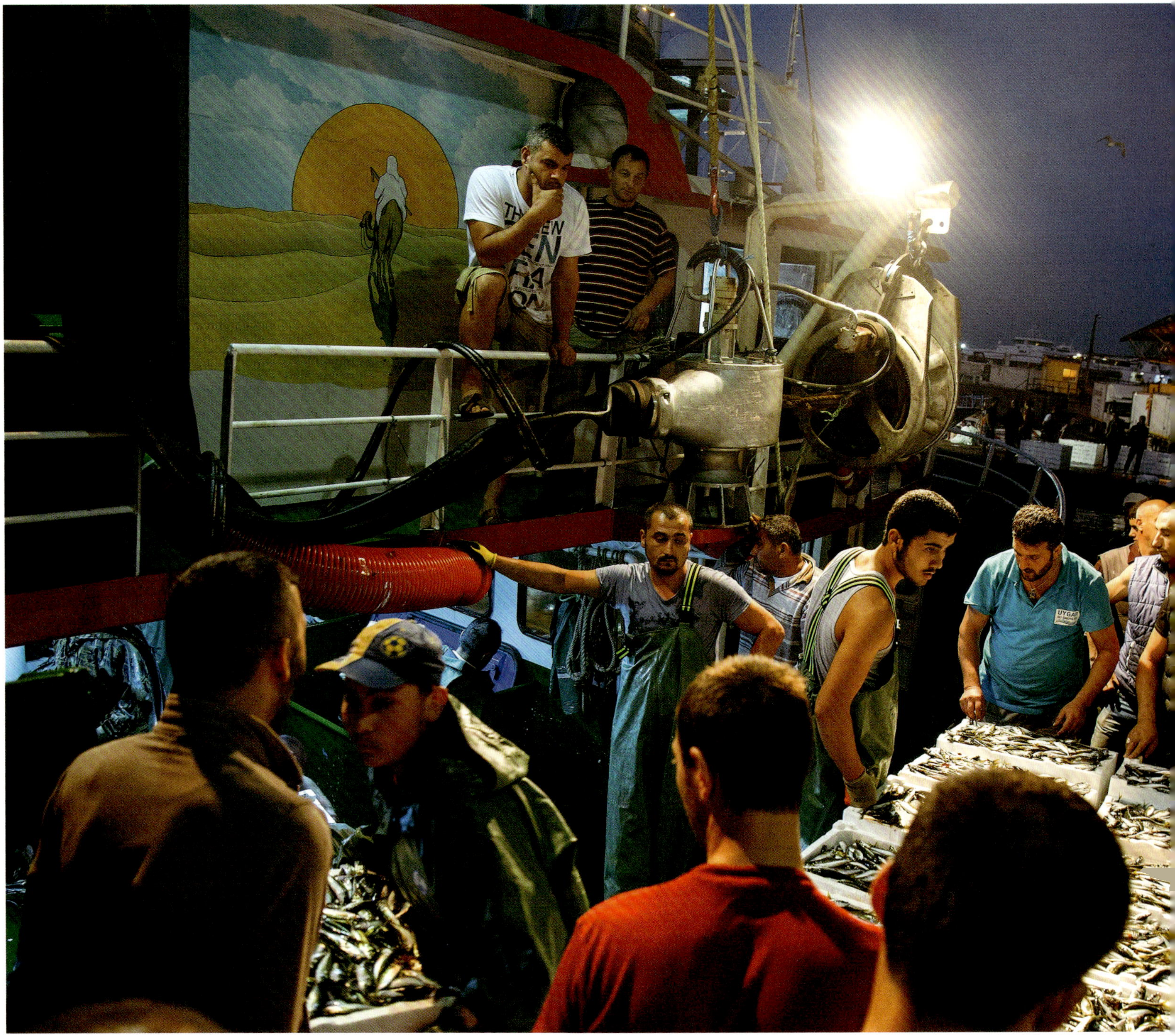
UYGAR

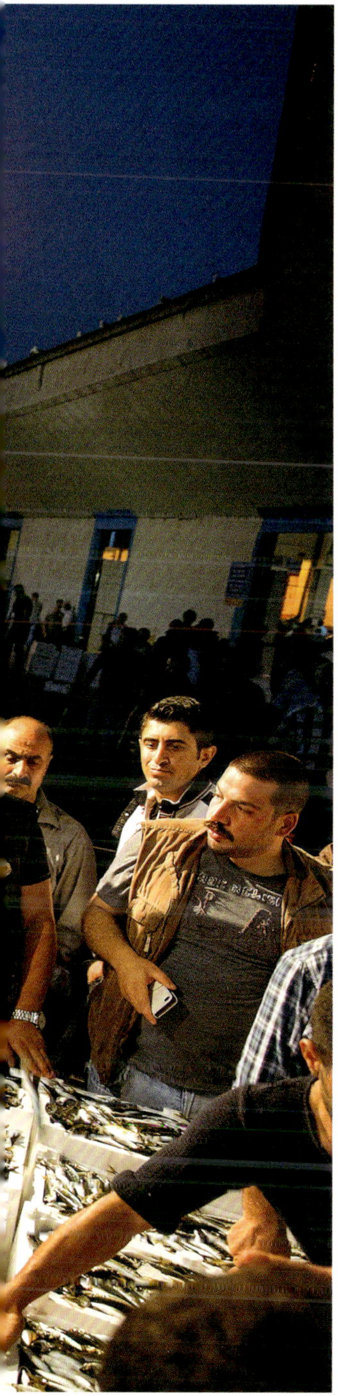

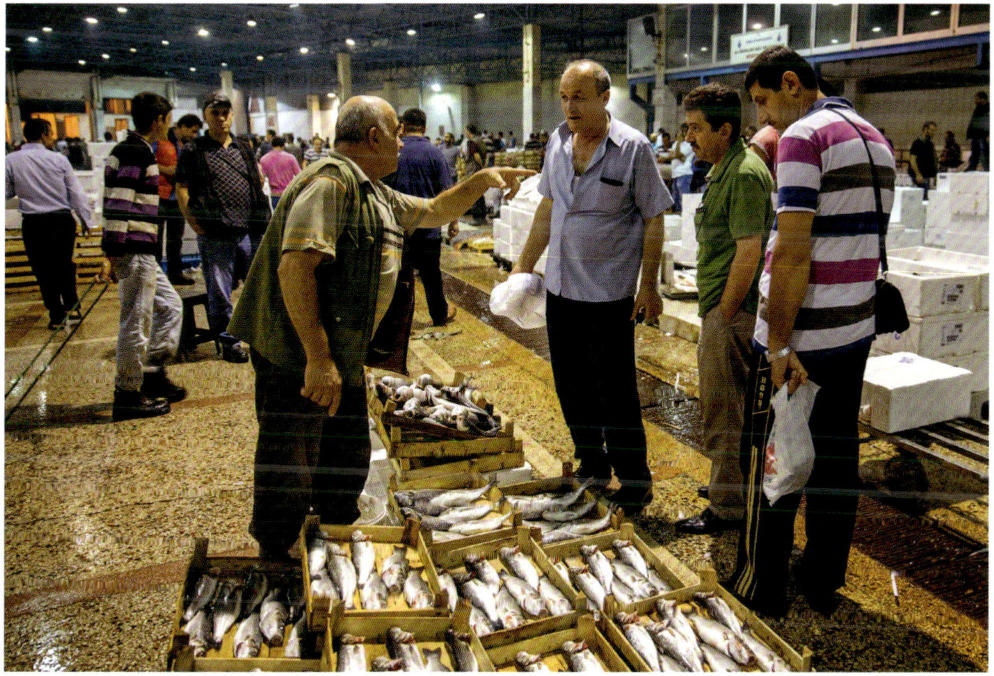

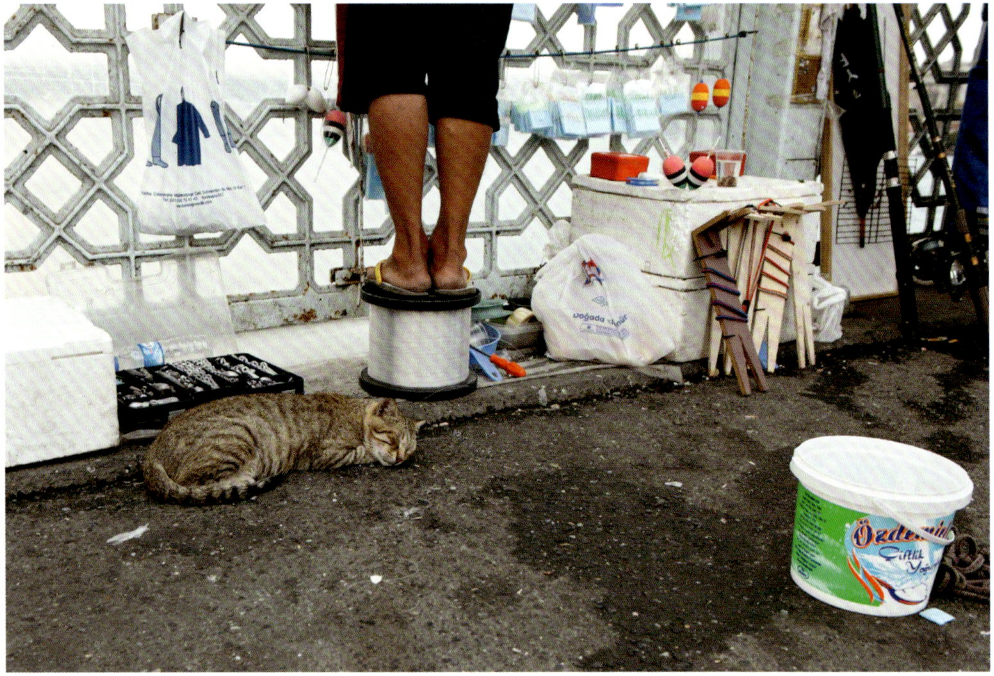

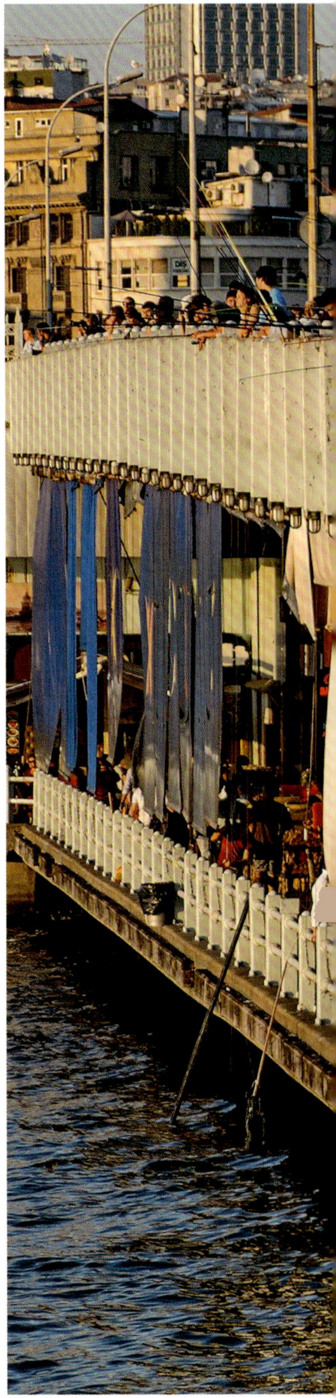

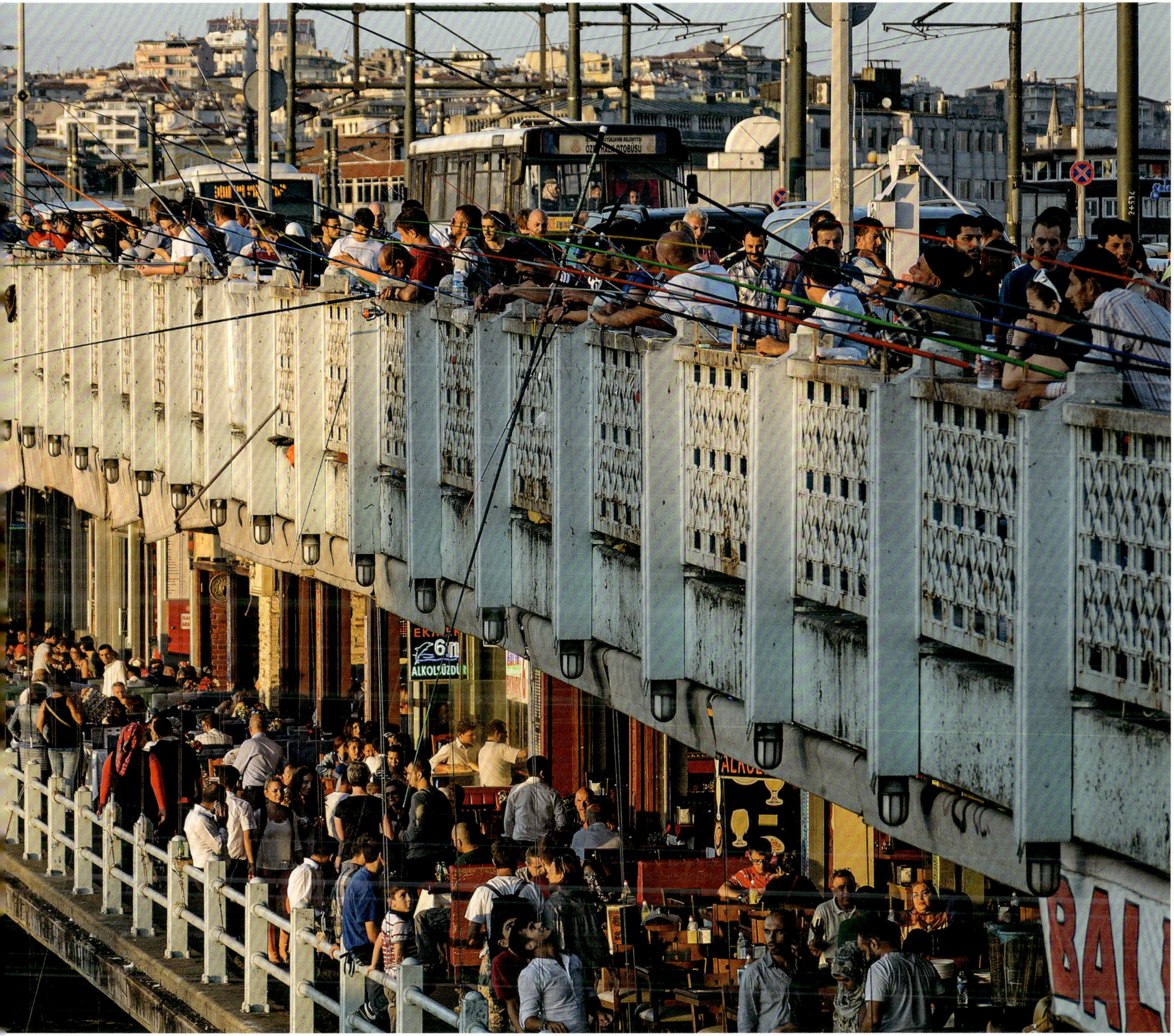
ALKOLSÜZDÜR

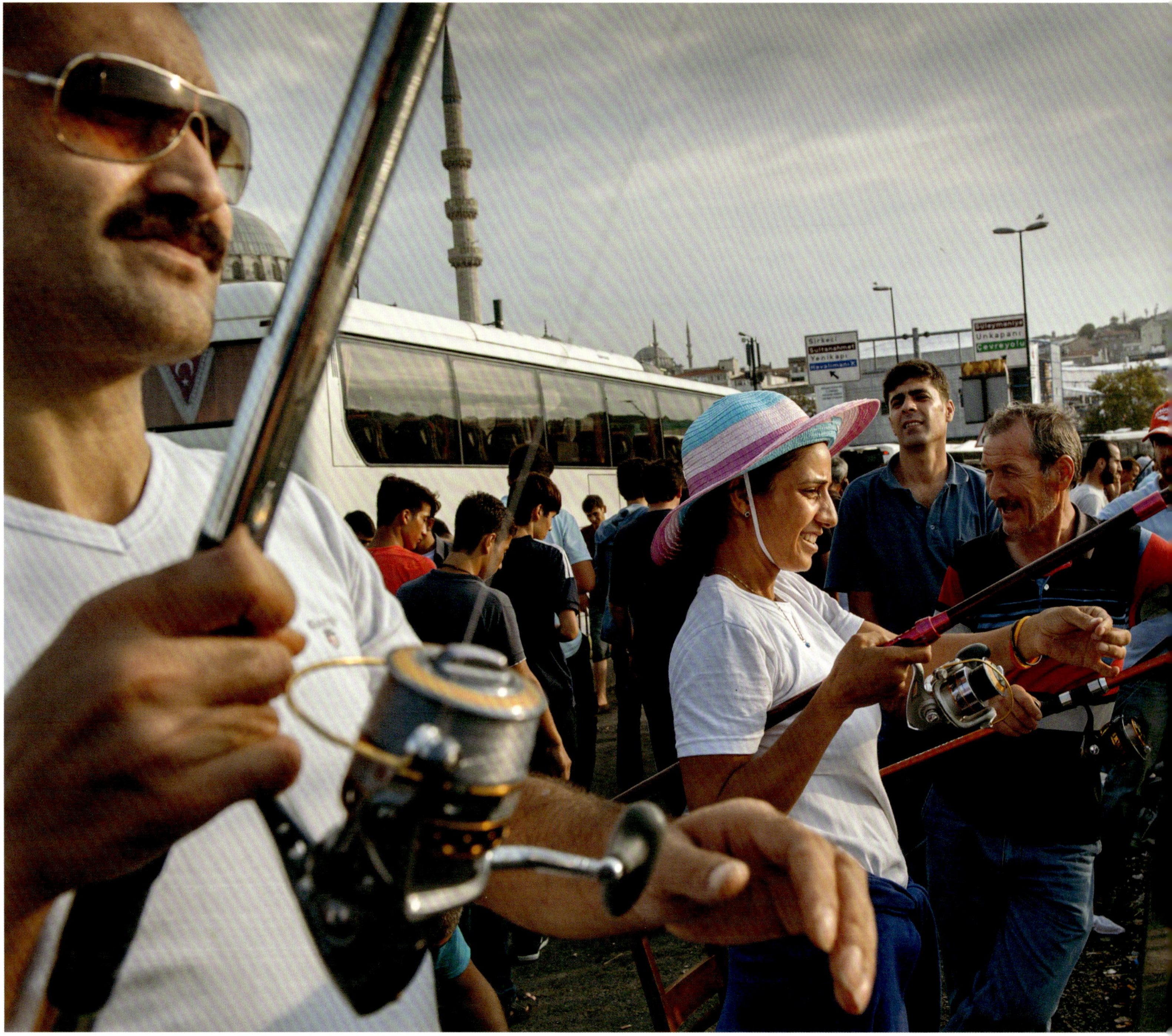
Sirkeci
Yenikapı
Unkapanı

9 In den letzten Jahren mischen sich immer mehr Frauen unter die Angler auf der Galatabrücke

10 Der kleine Fischmarkt auf der Karaköy-Seite der Galatabrücke

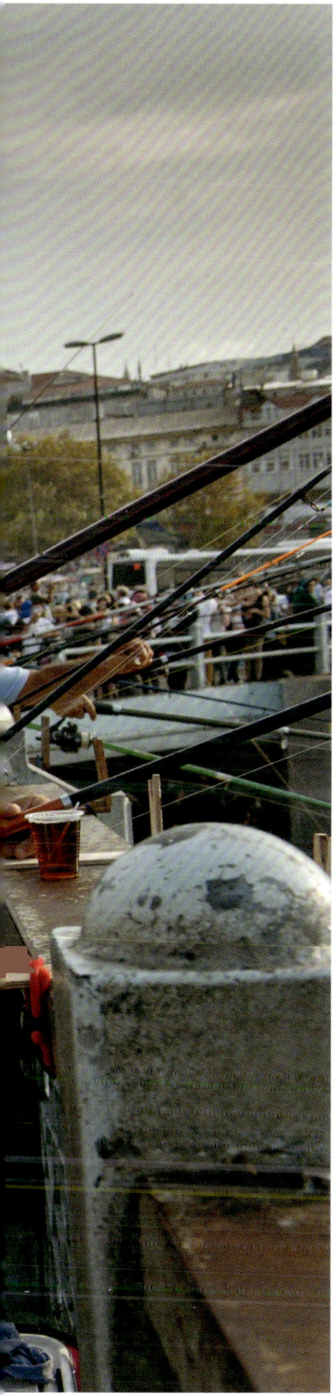

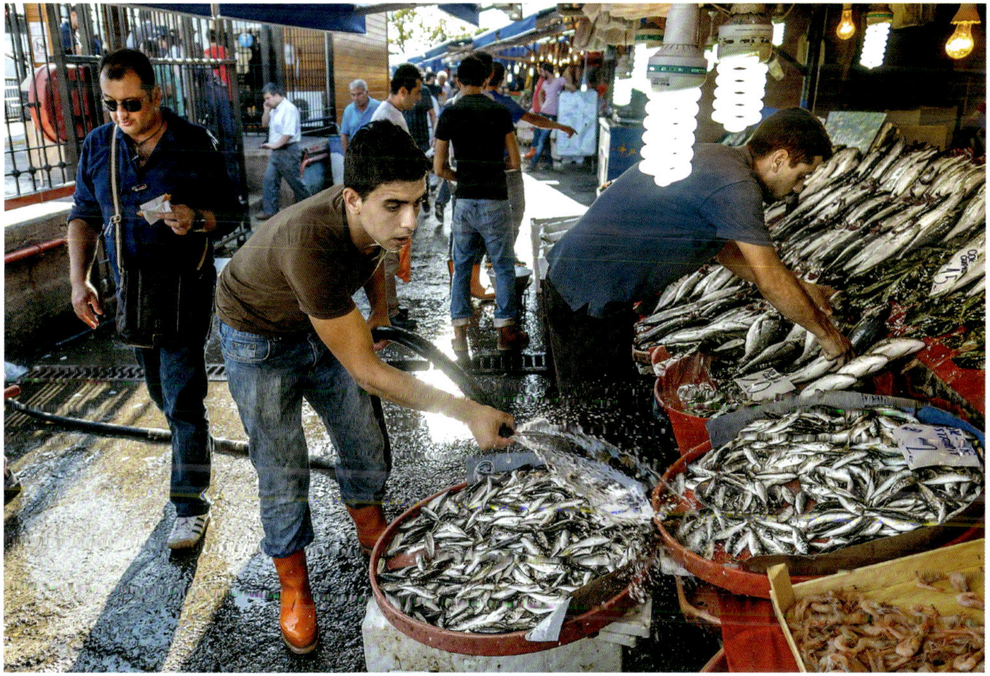

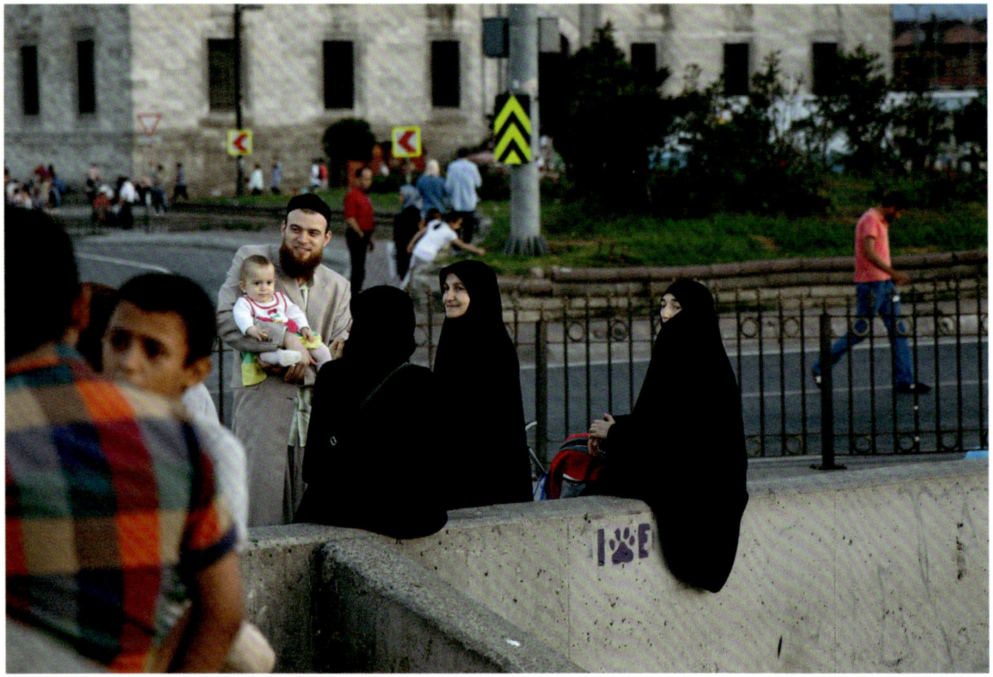

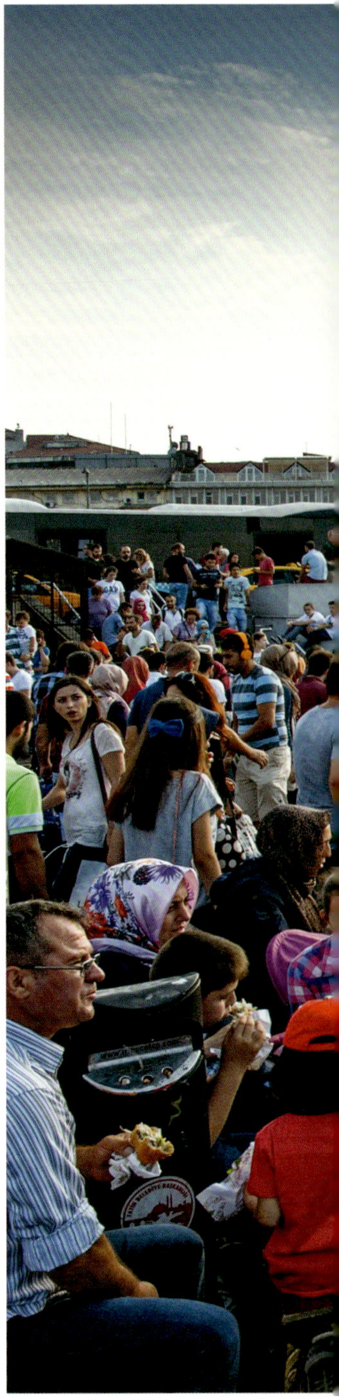

Vorplatz der Galatabrücke gegenüber der Neuen Moschee 9

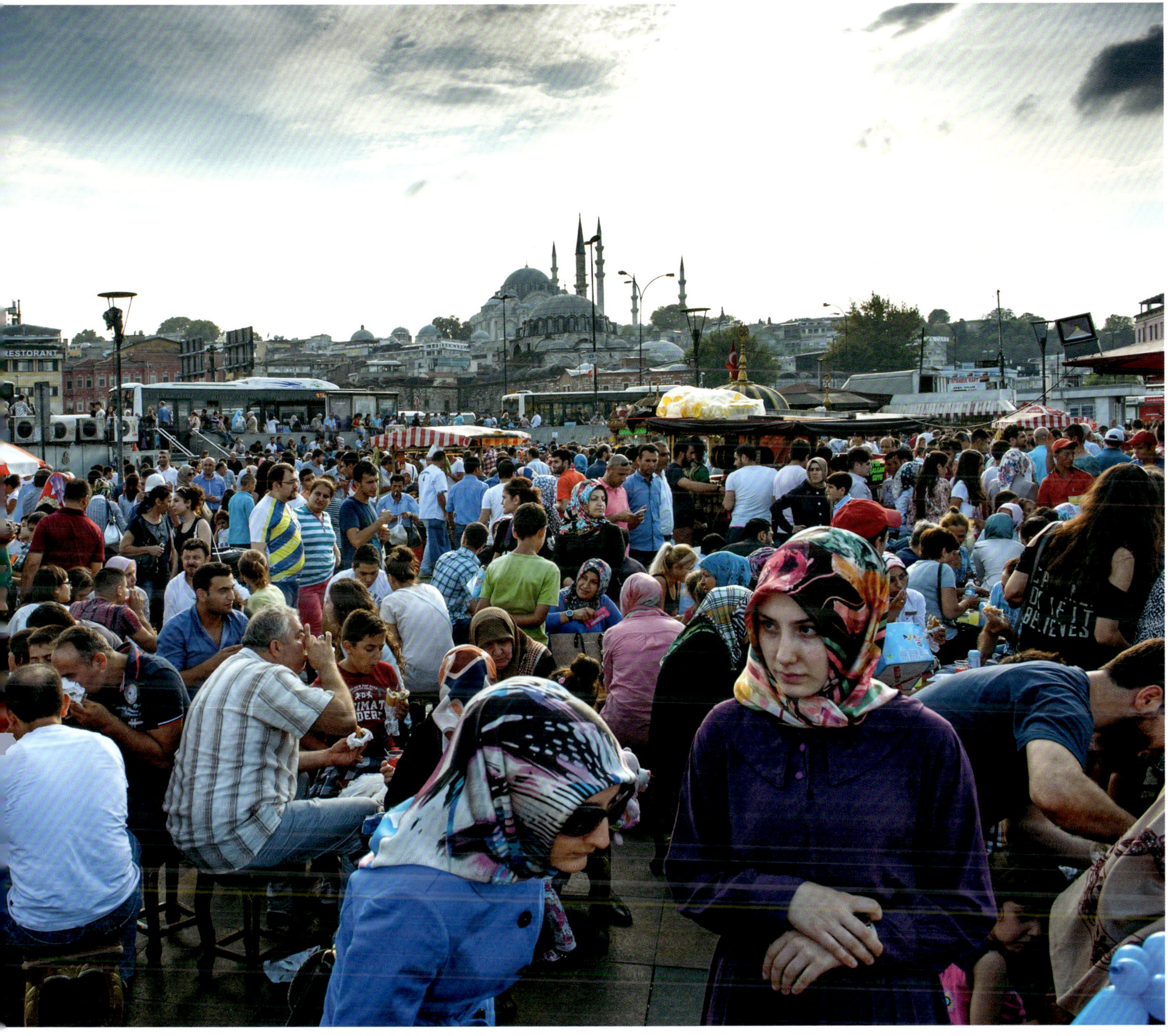
RESTORANT

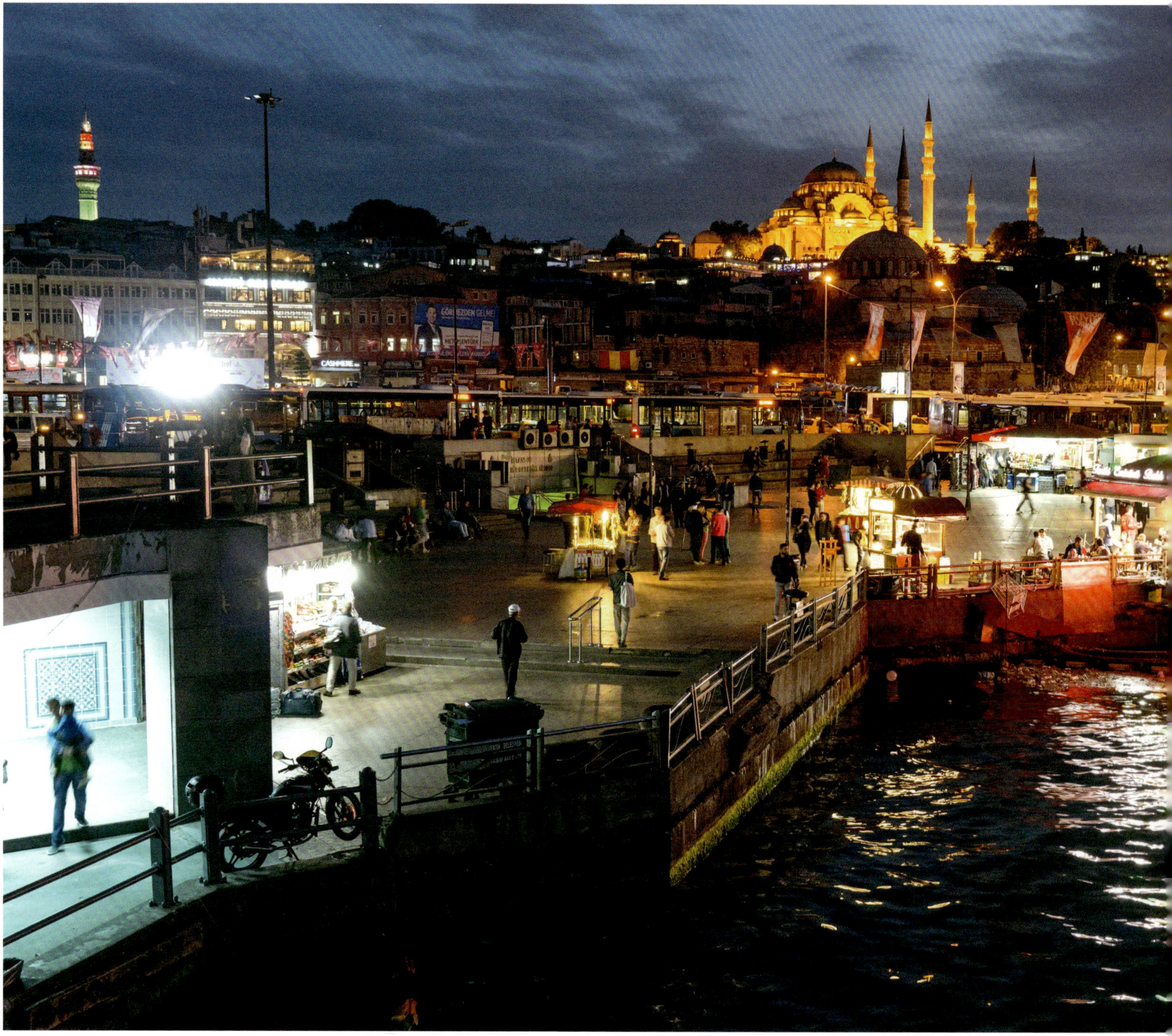
CASHMERE

9 Vorplatz der Galatabrücke mit Blick auf die Süleymaniye-Moschee

9 Südliche Unterführung der Galatabrücke

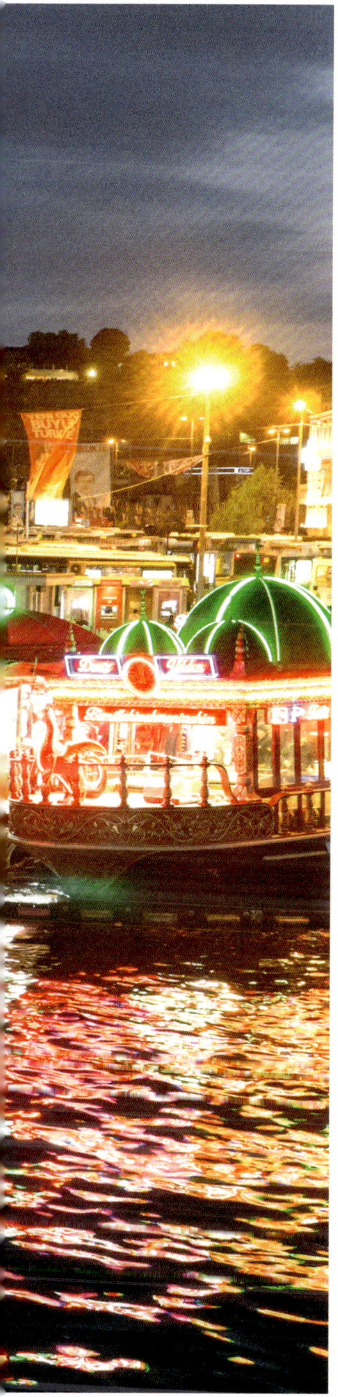

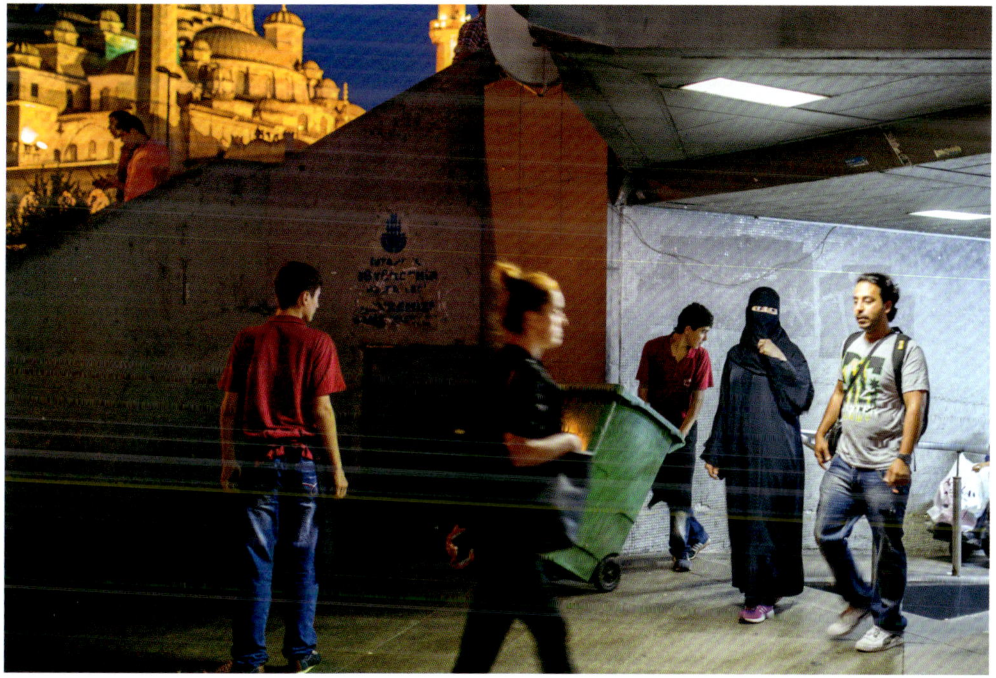

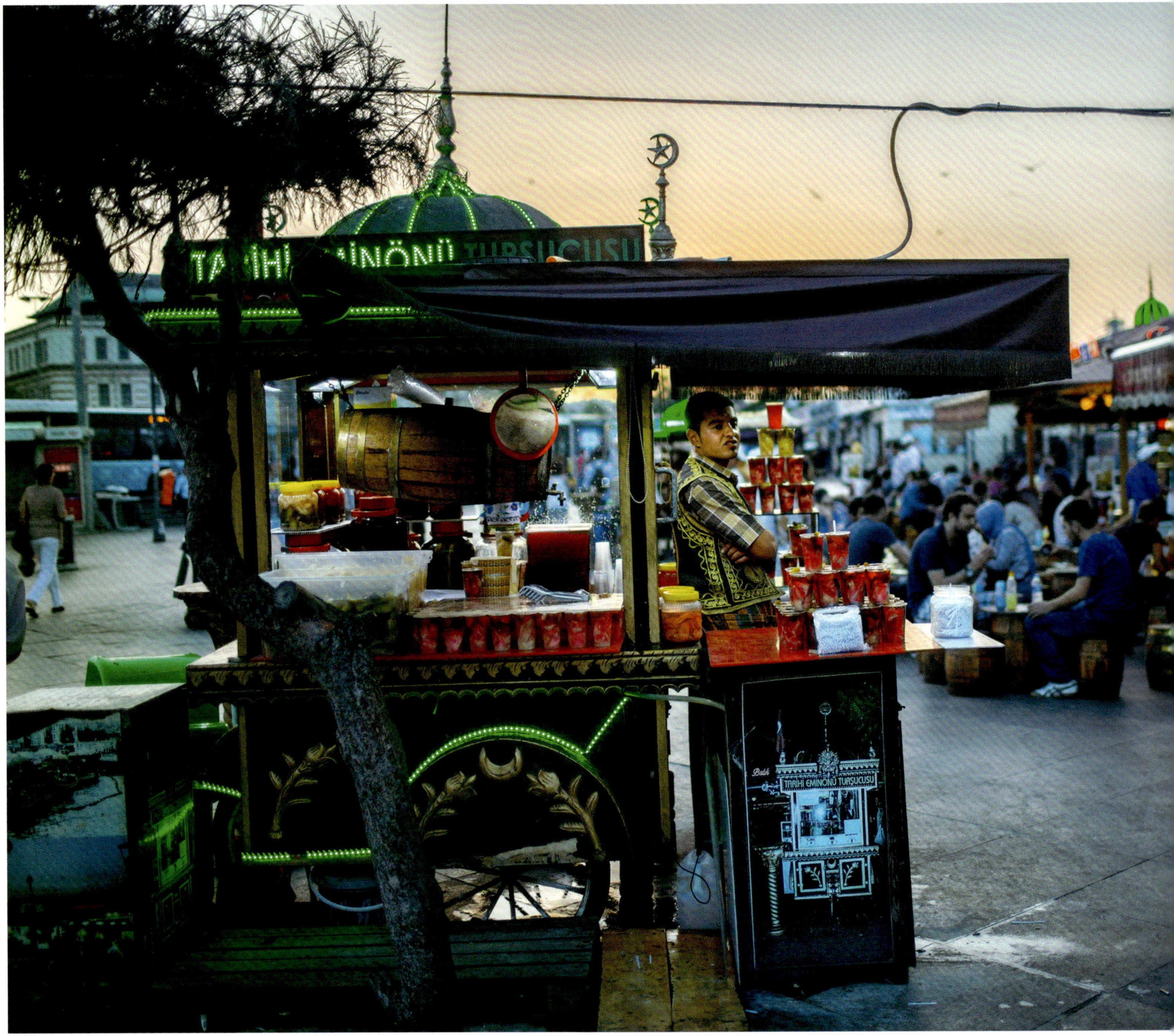
TARIHI EMINÖNÜ TURŞUCUSU

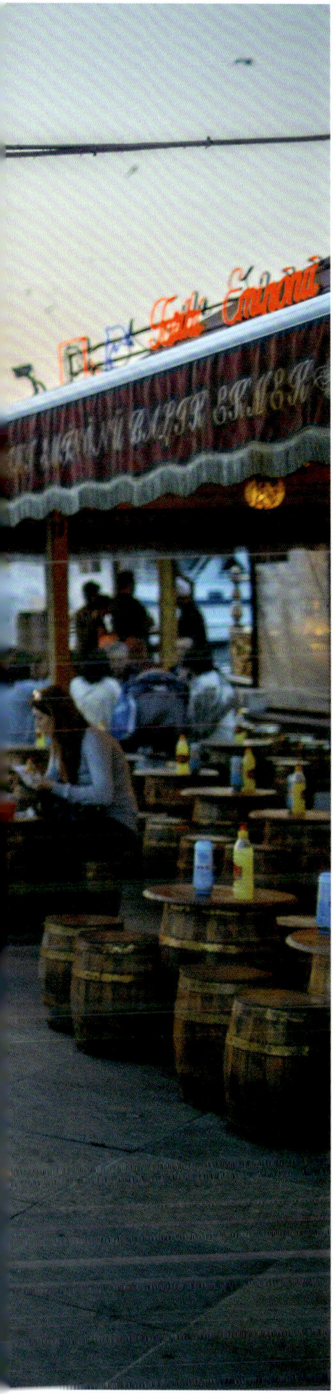

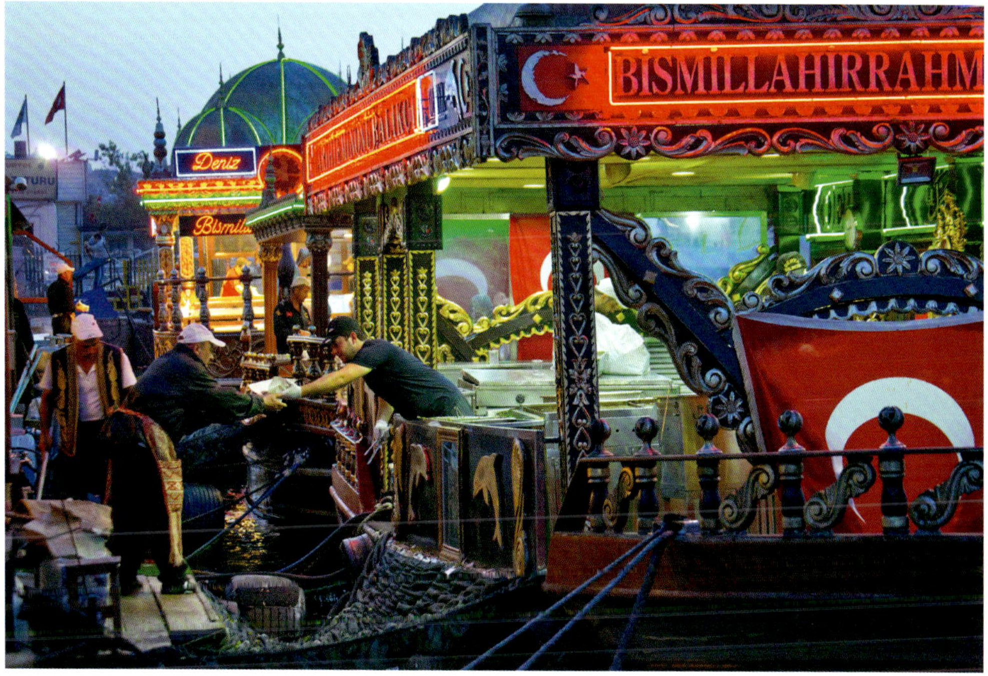

9 Saft- und Fischstand auf dem Vorplatz der Galatabrücke

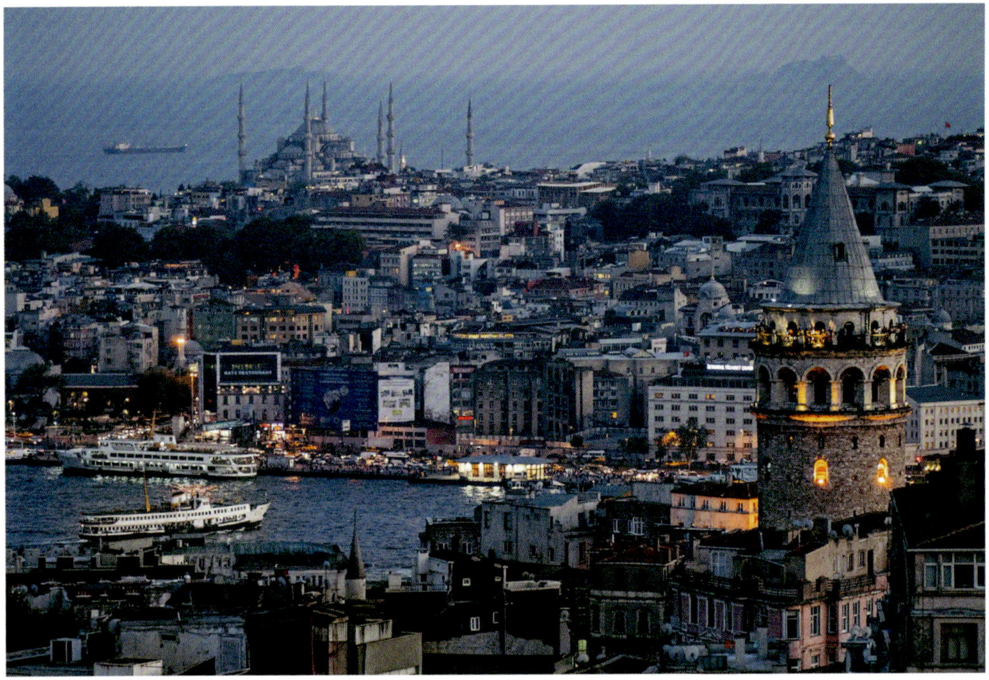

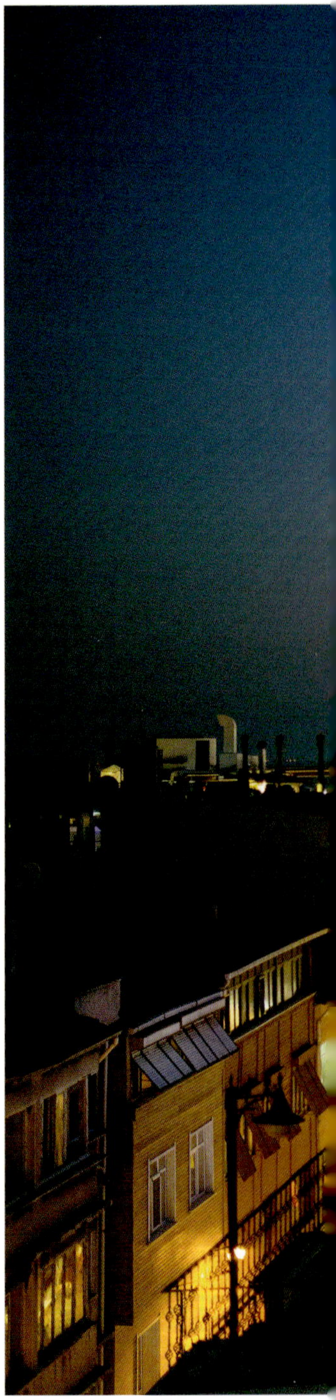

Aussicht von der Dachterrasse des »Marmara Pera Hotels« in Beyoğlu 18

Die Blaue Moschee, fotografiert von der Dachterrasse des »Seven Hill Hotels« 37

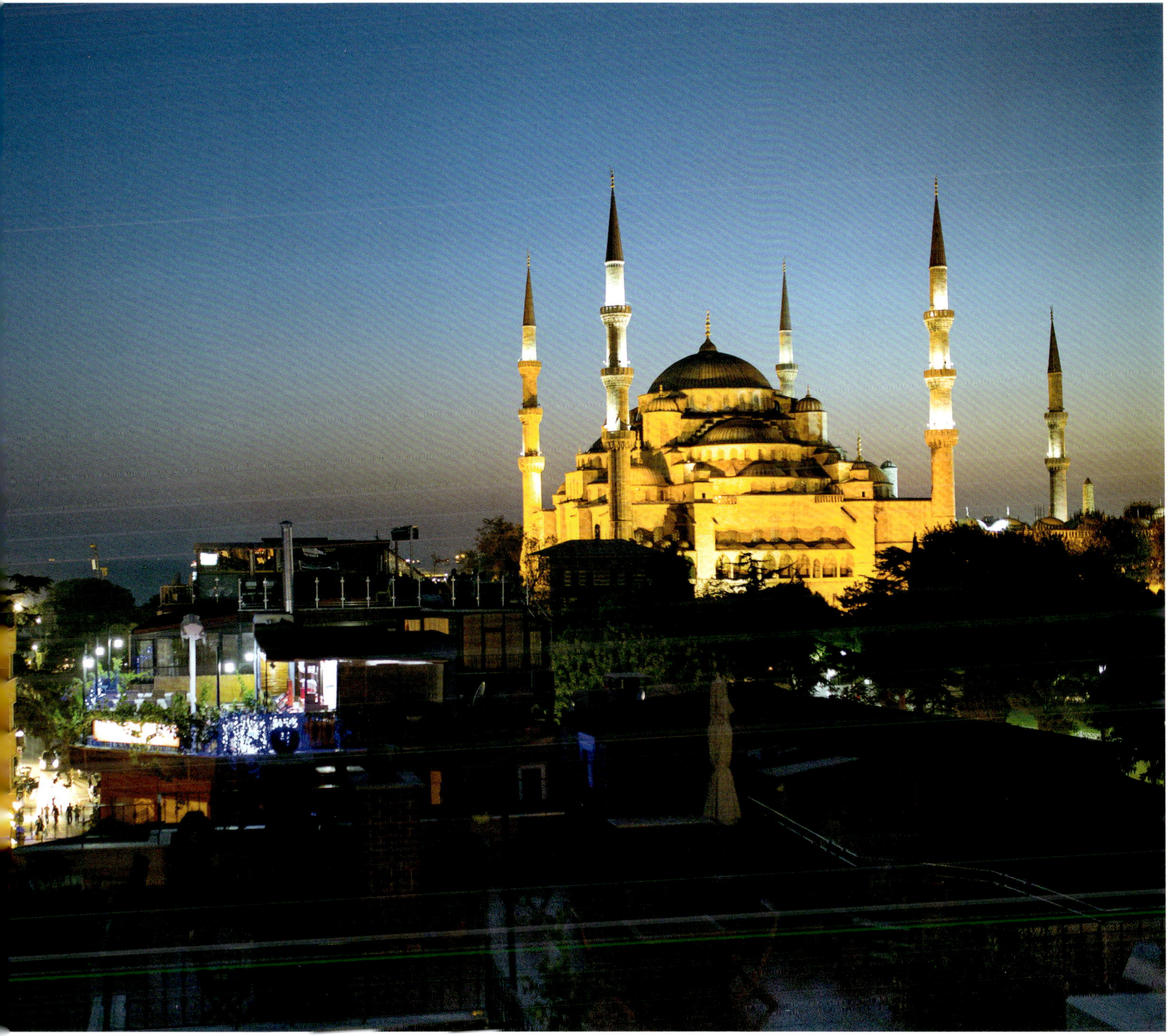

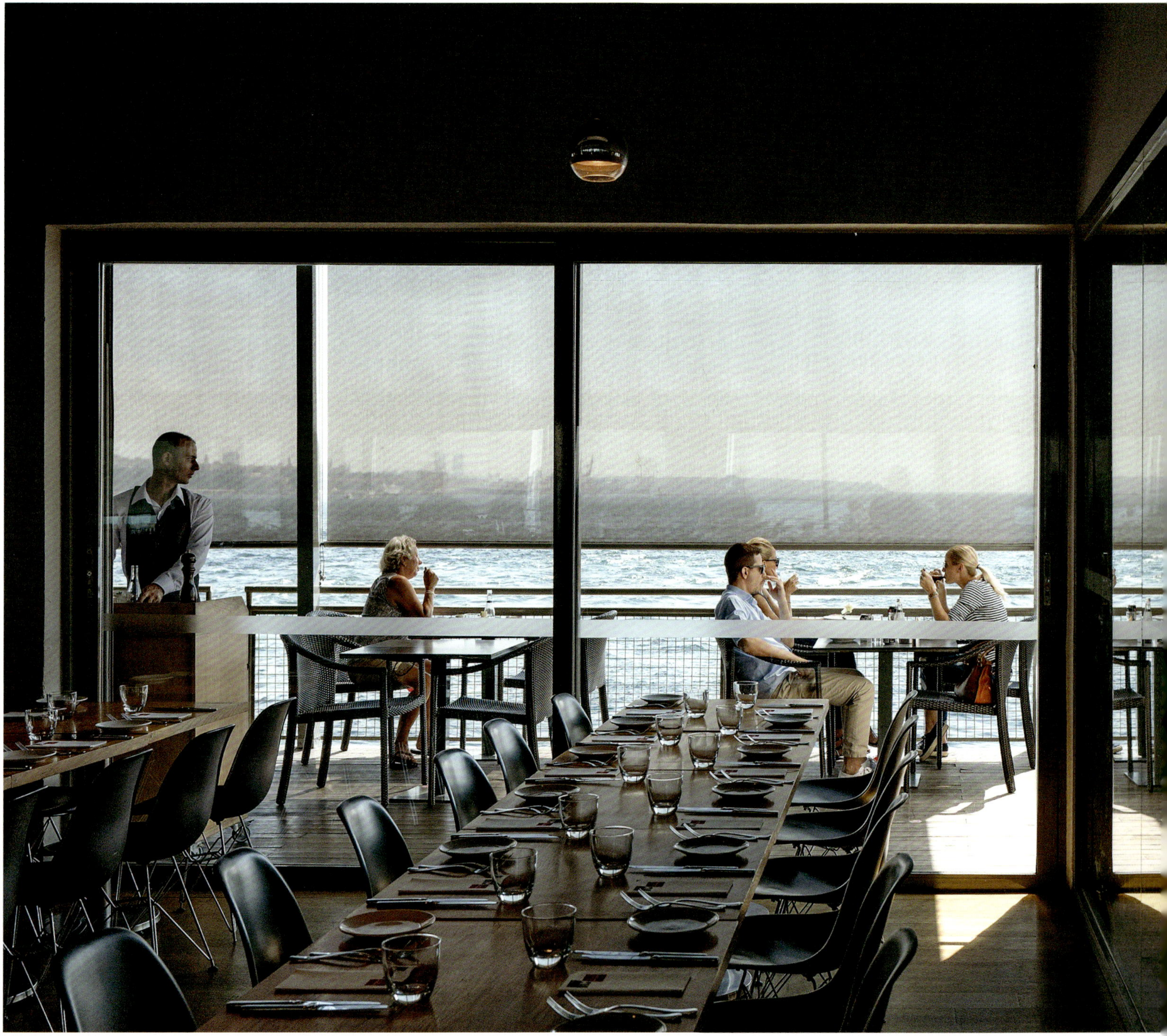

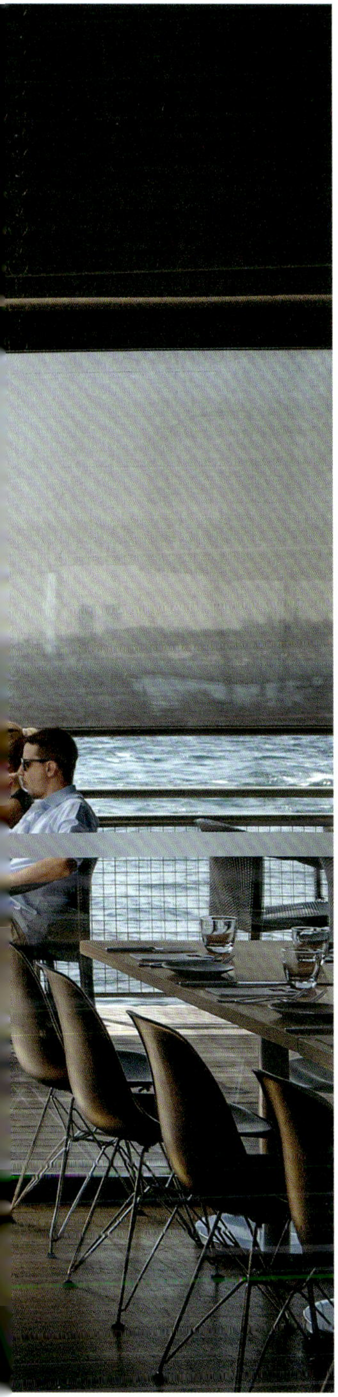

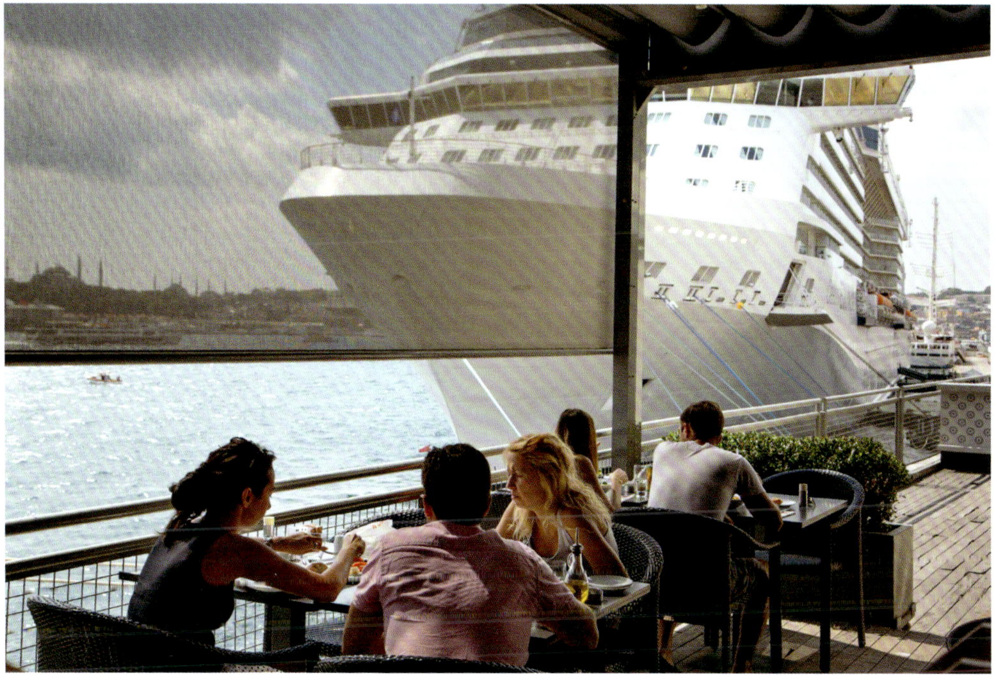

21 Das Restaurant des Museums »Istanbul Modern«

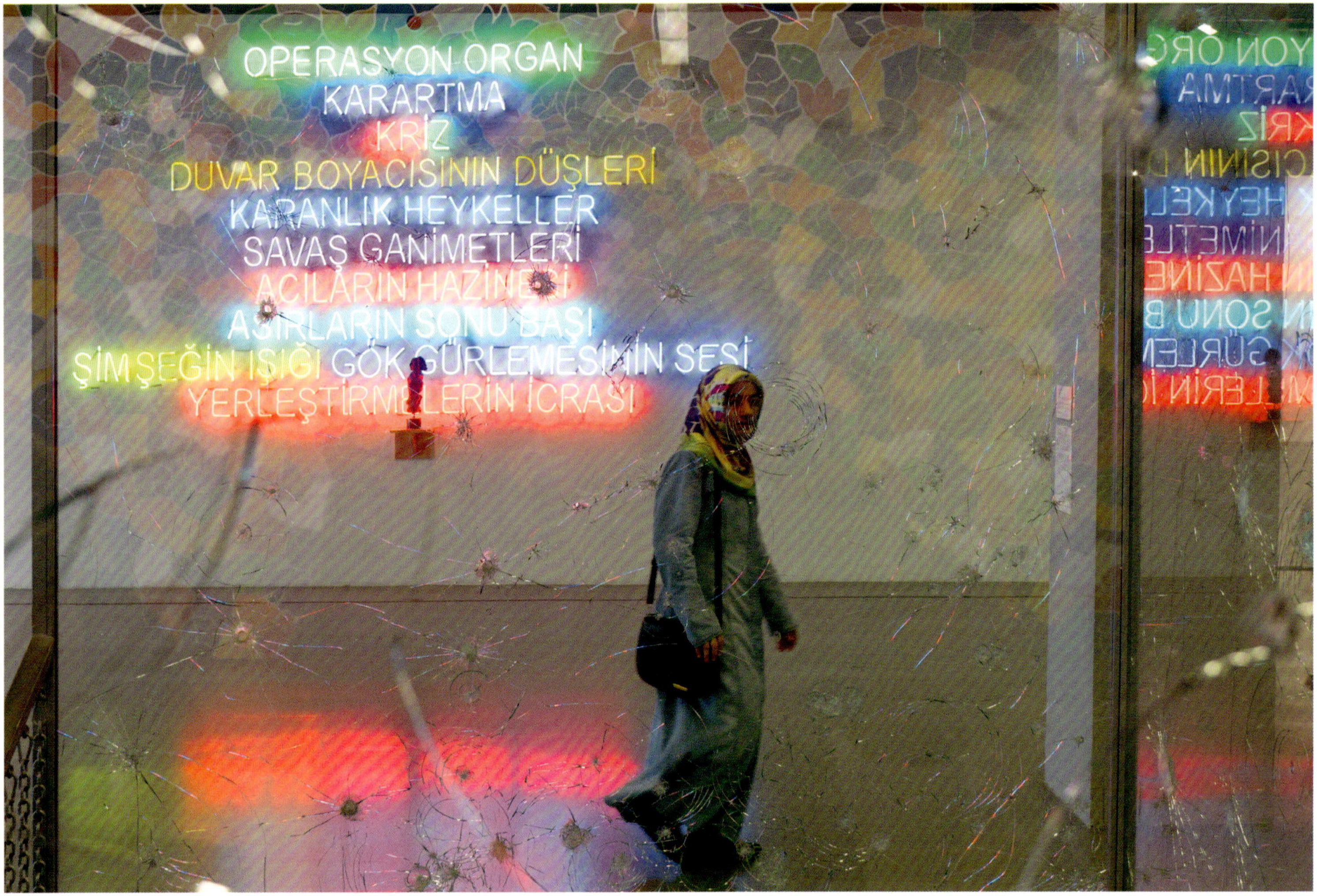
OPERASYON ORGAN
KARARTMA
KRİZ
DUVAR BOYACISININ DÜŞLERİ
KARANLIK HEYKELLER
SAVAŞ GANİMETLERİ
ACILARIN HAZİNESİ
ASIRLARIN SONU BAŞI
ŞİMŞEĞİN IŞIĞI GÖK GÜRLEMESİNİN SESİ
YERLEŞTİRMELERİN İCRASI

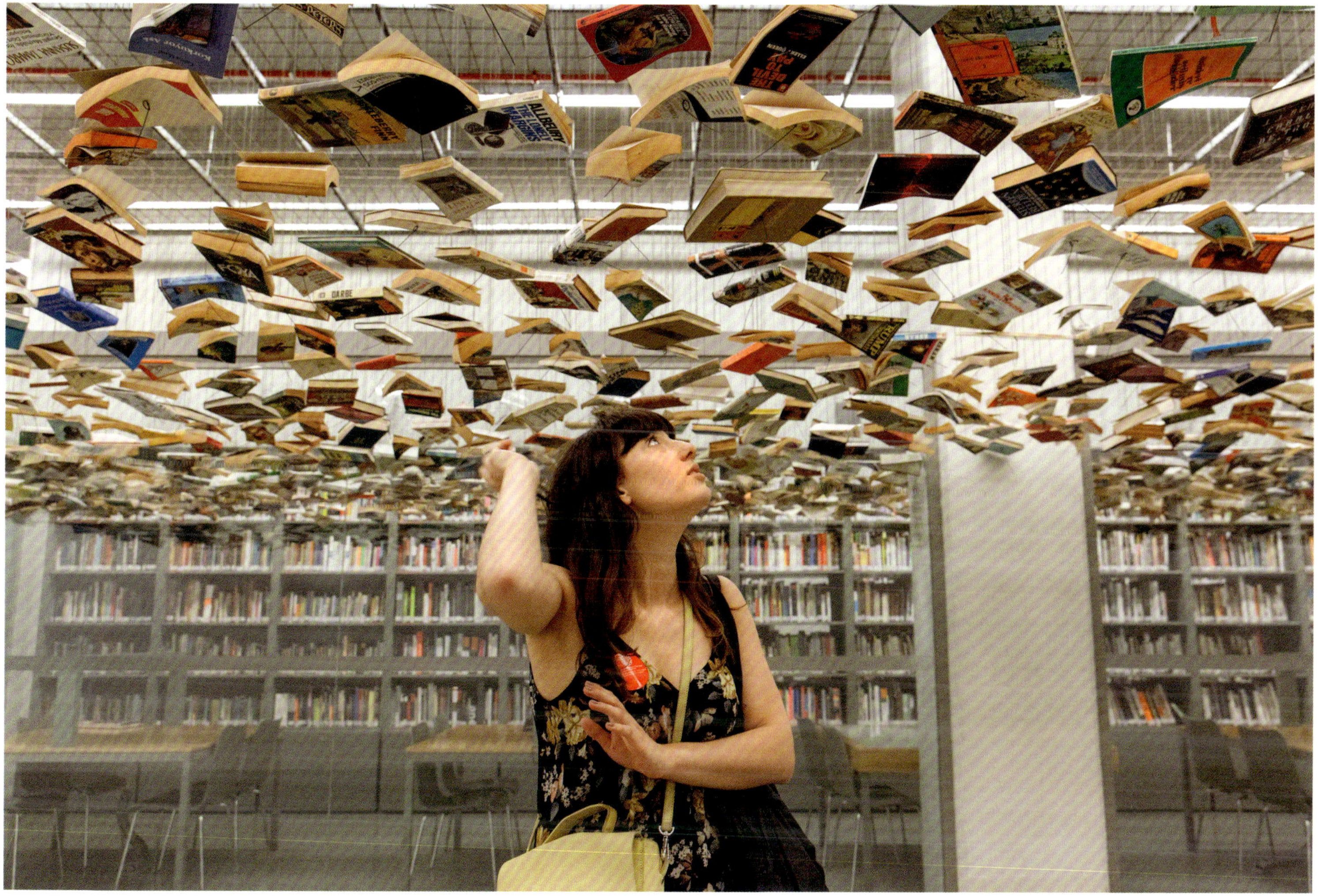

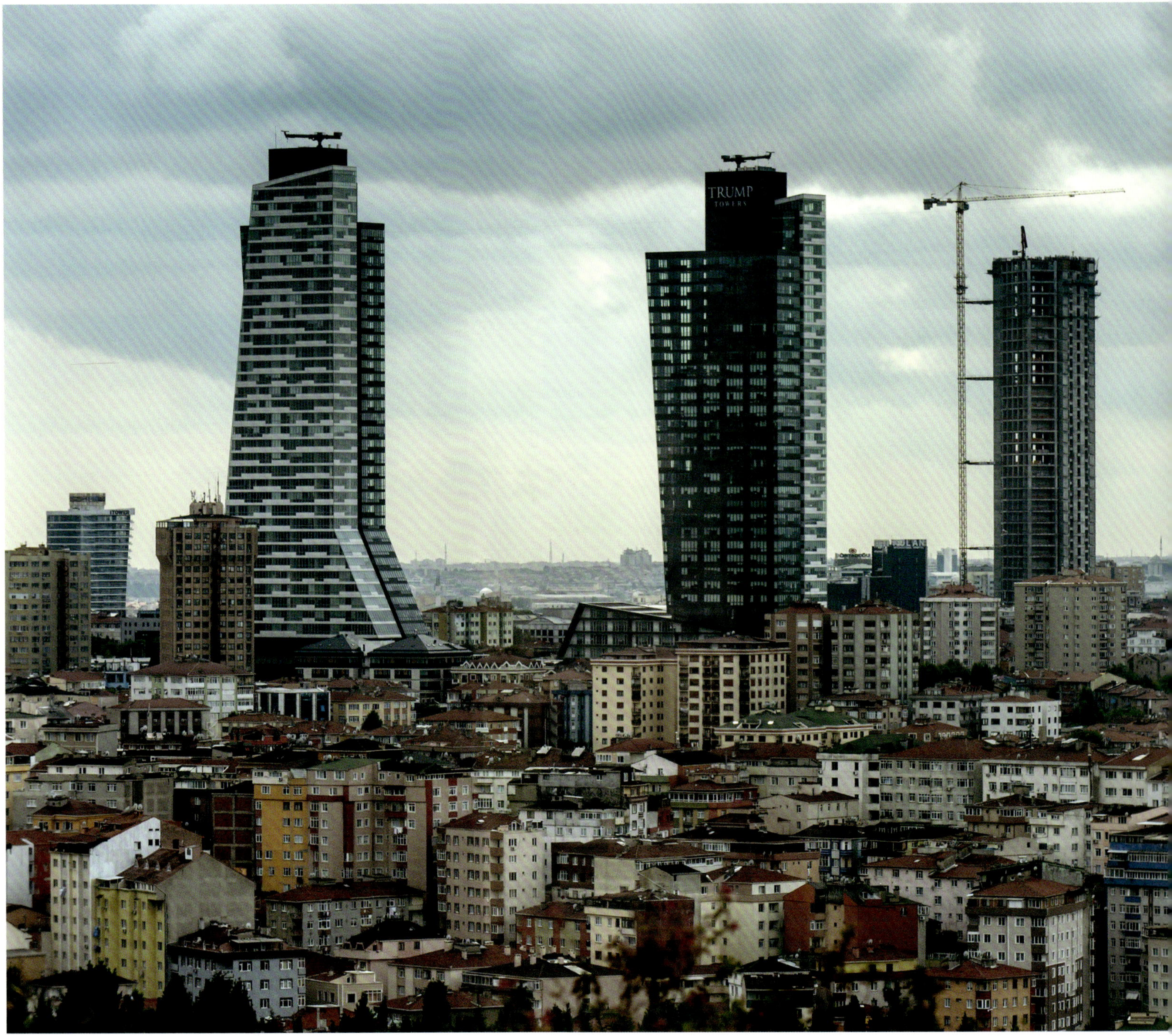
TRUMP
TOWERS

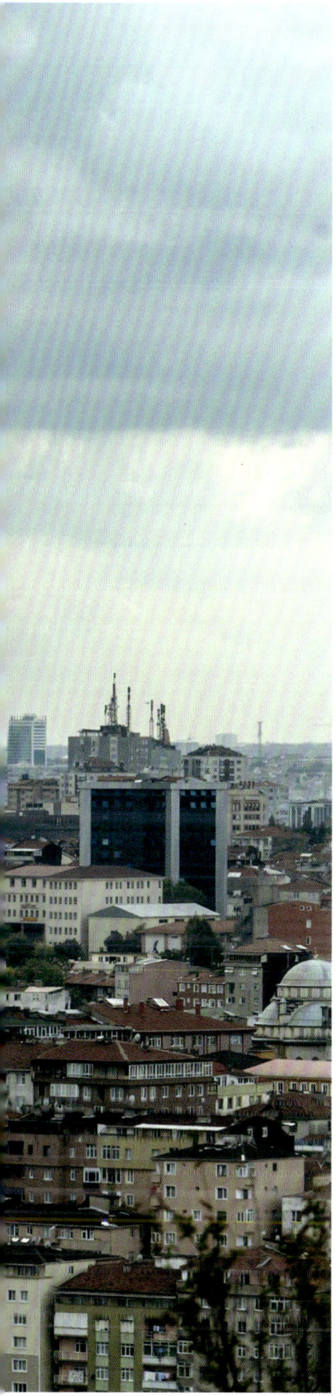

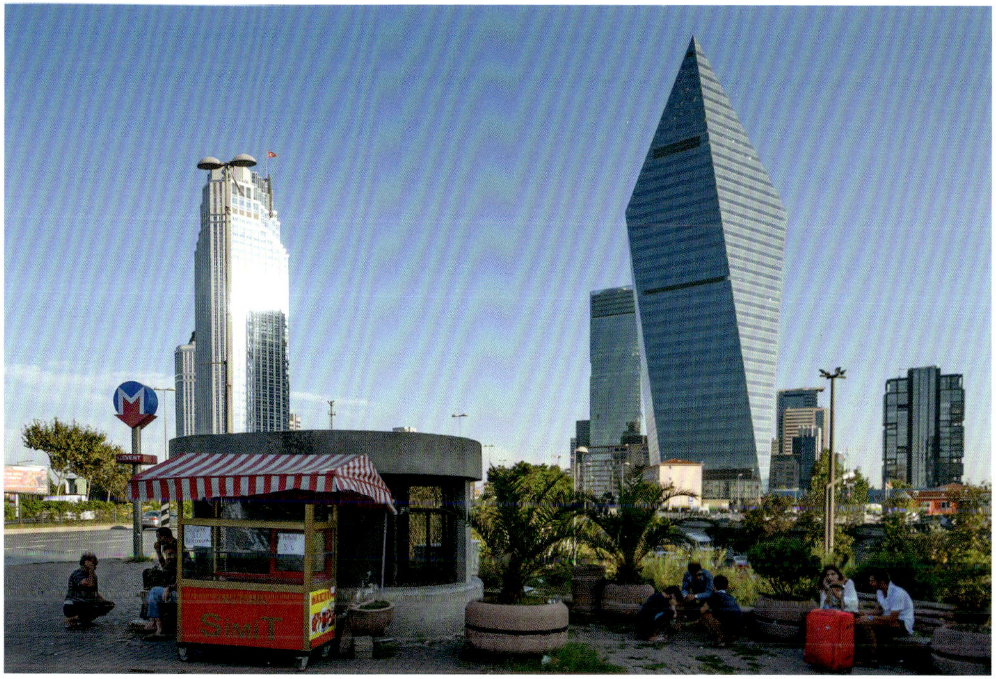

20 Blick vom »Wyndham Grand Istanbul Hotel« im Stadtteil Mecidiyeköy auf den Trump-Tower (Mitte)

20 Moderne Architektur im nördlichen Stadtteil Levent

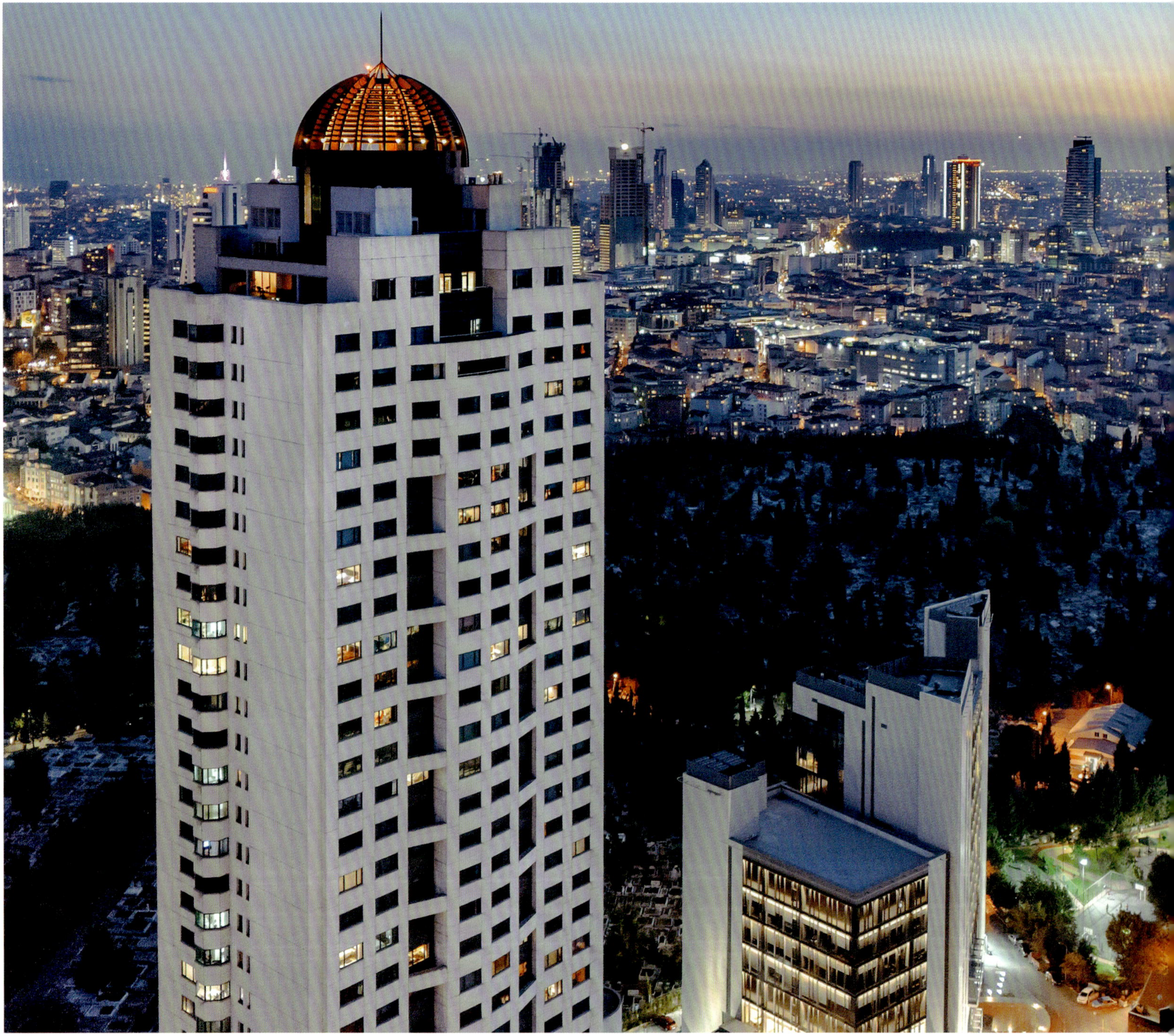

20 Blick vom »Wyndham Grand Istanbul Hotel« im Stadtteil Mecidiyeköy auf die Metrocity Levent

20 Schaufensterdekoration in der Shoppingmall »Kanyon« im Stadtteil Levent

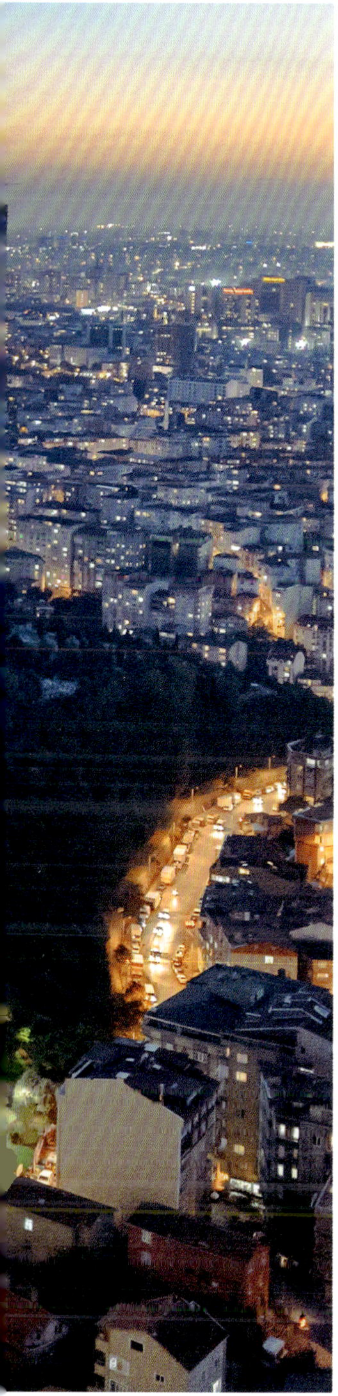

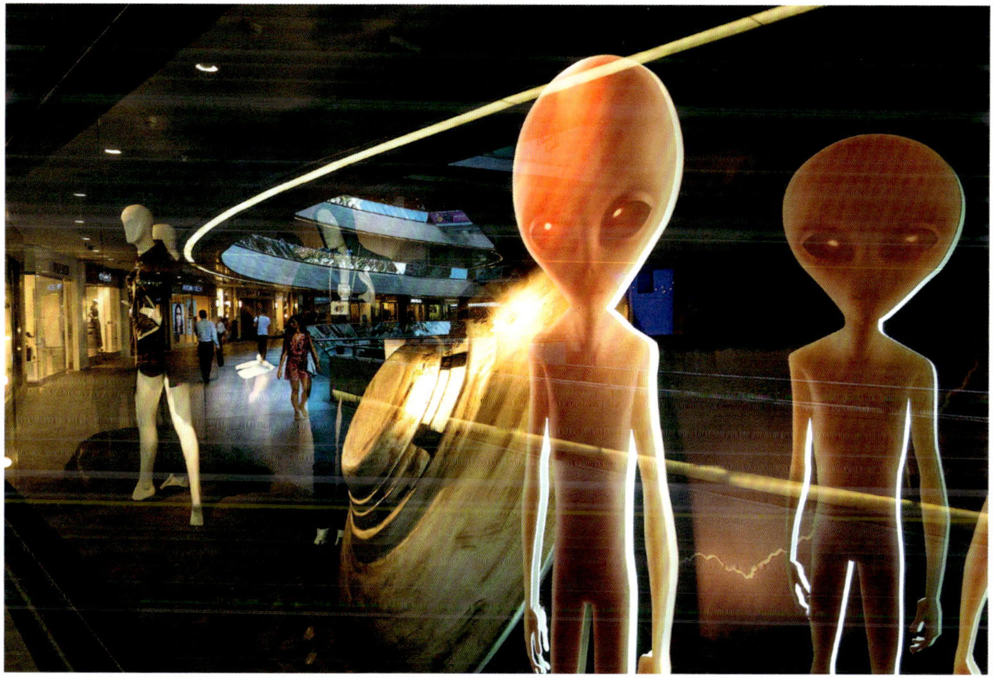

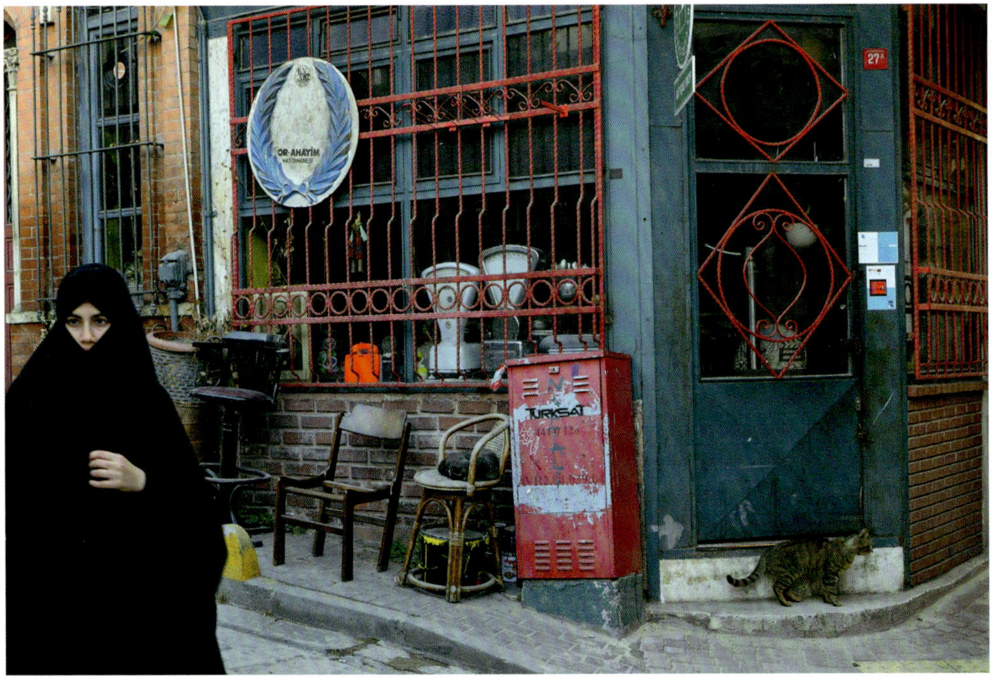
TÜRKSAT

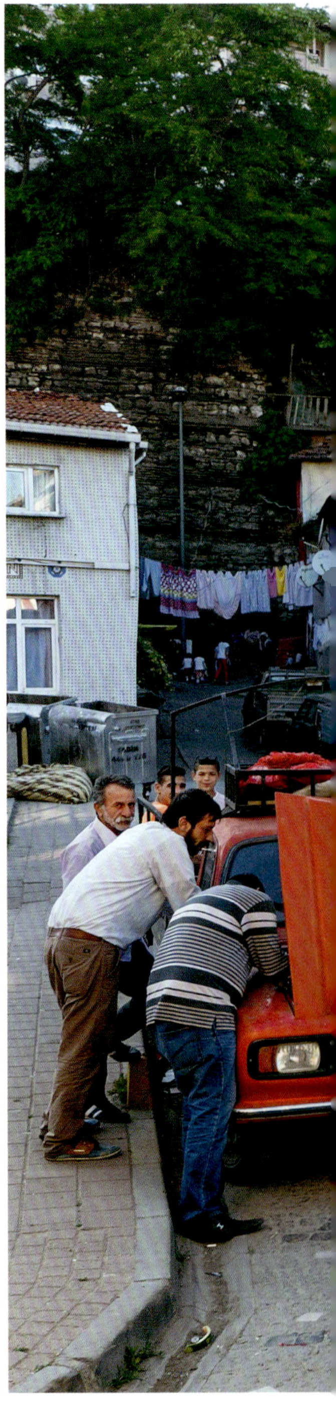

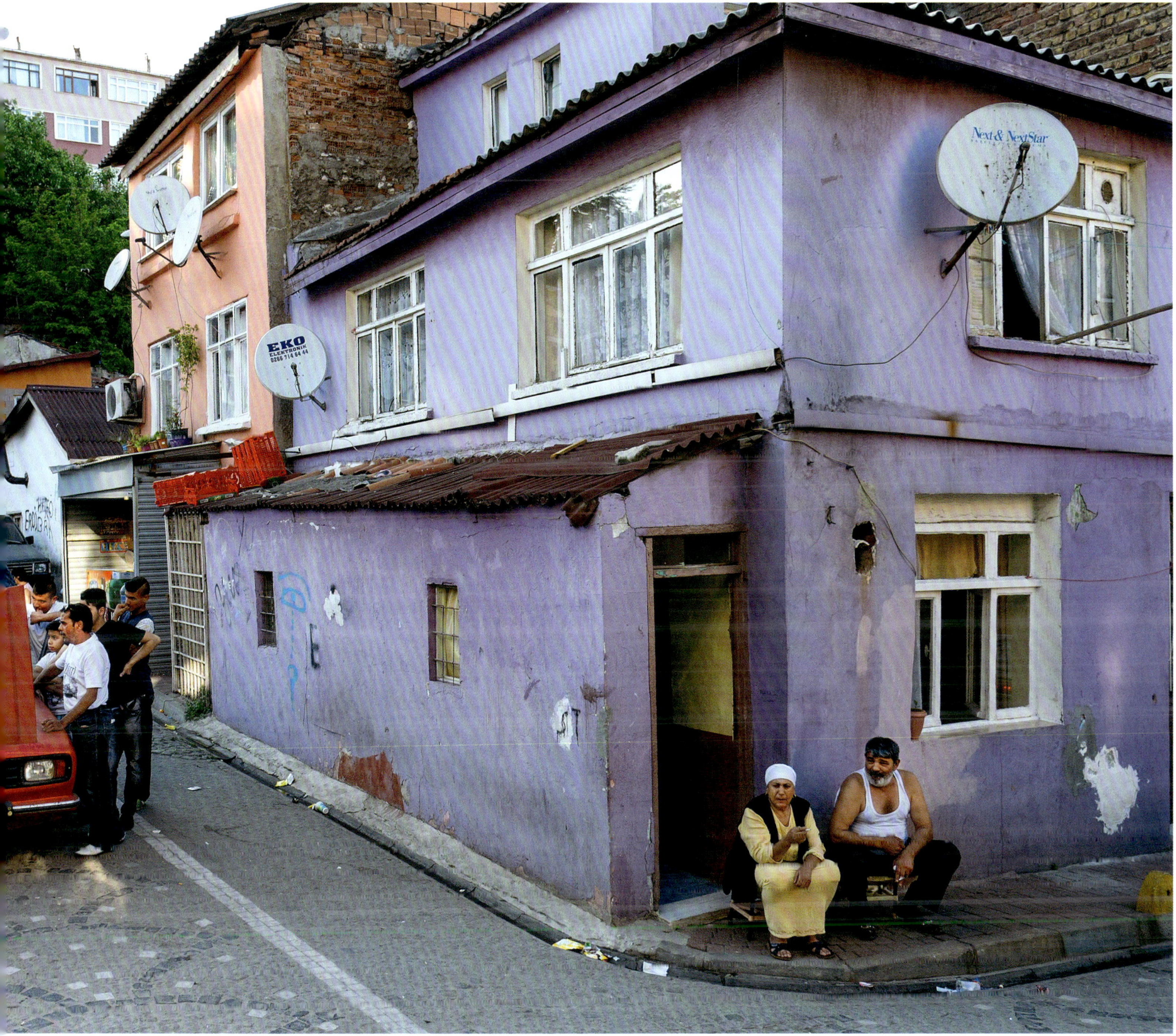
Next & NextStar
EKO
ELECTRONIK
0286 714 64 44

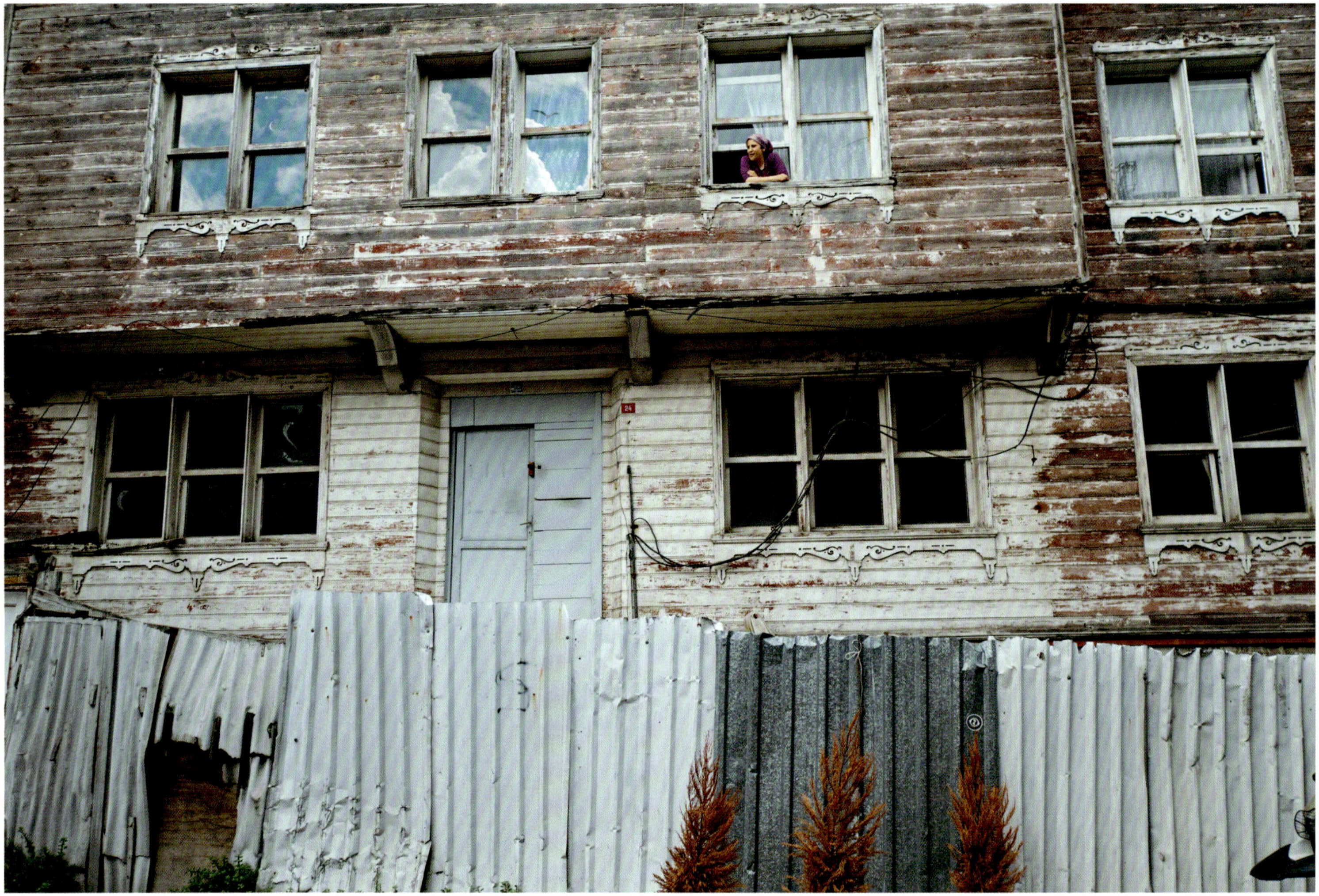

 Baufälliges Holzhaus in der Torun Sokağı 5

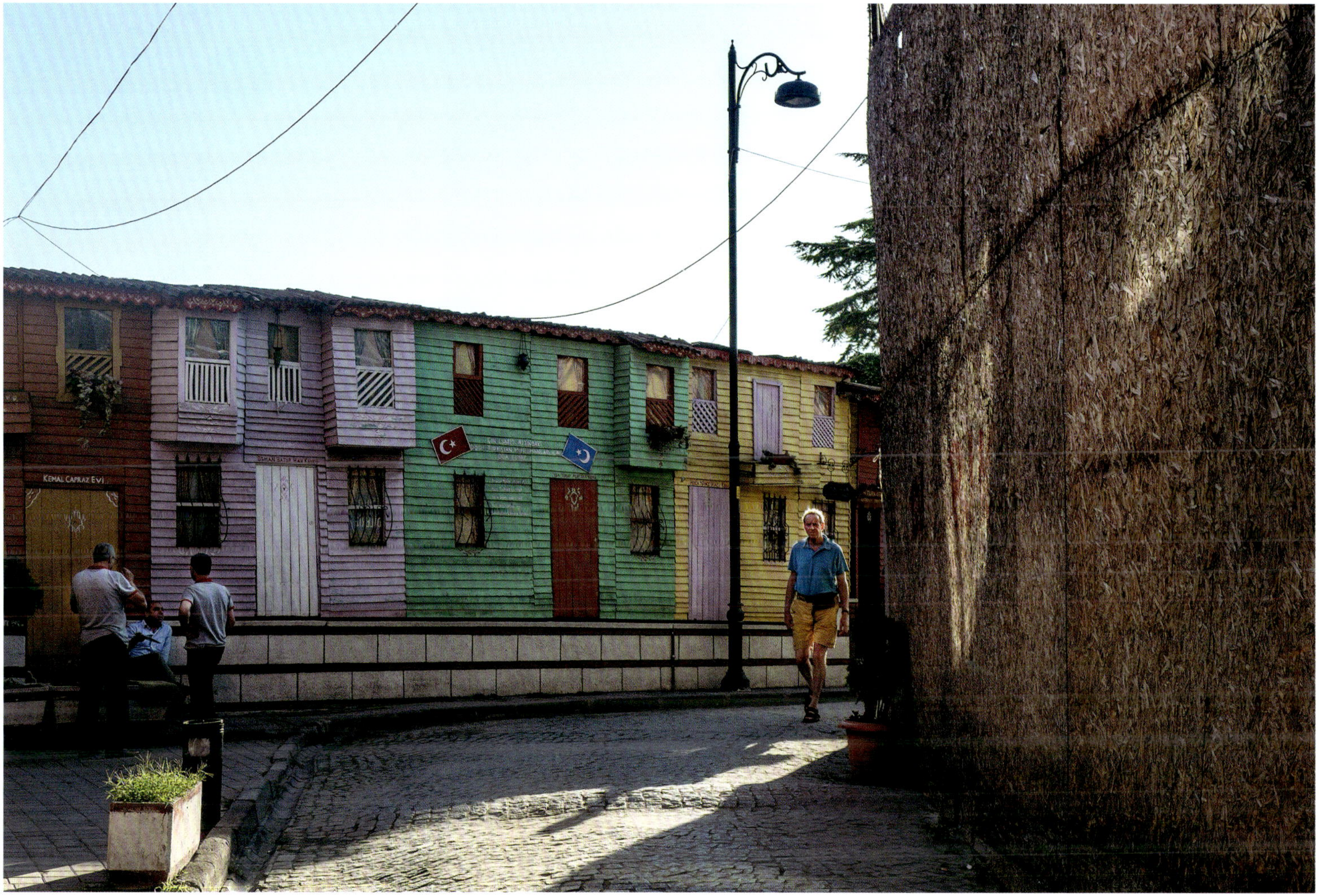

5 Bunte Holzhäuser in der Torun Sokağı, neben der Blauen Moschee

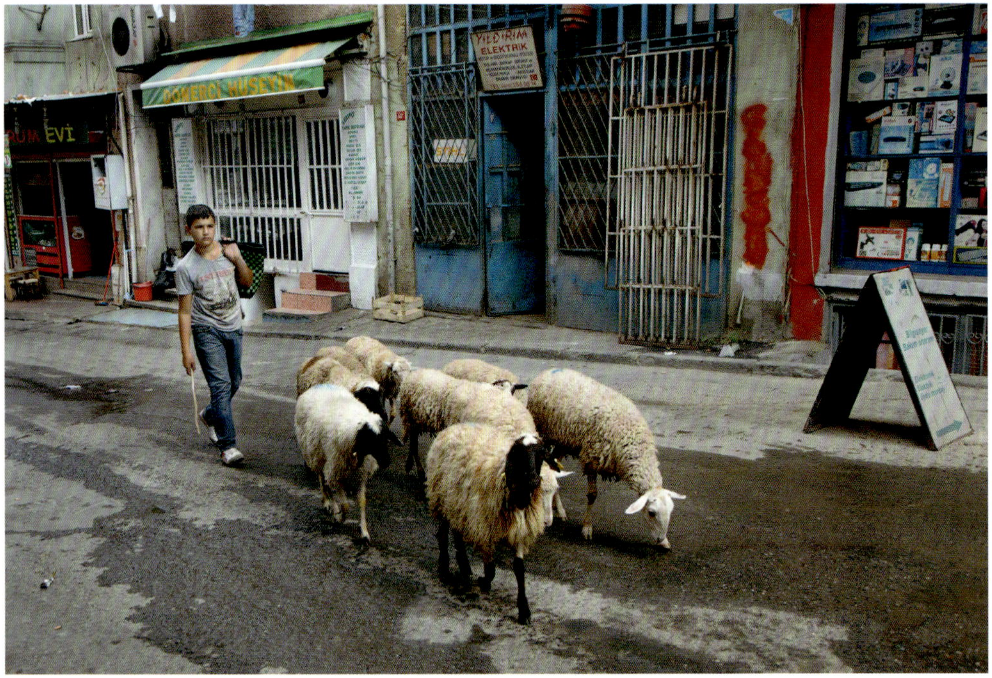

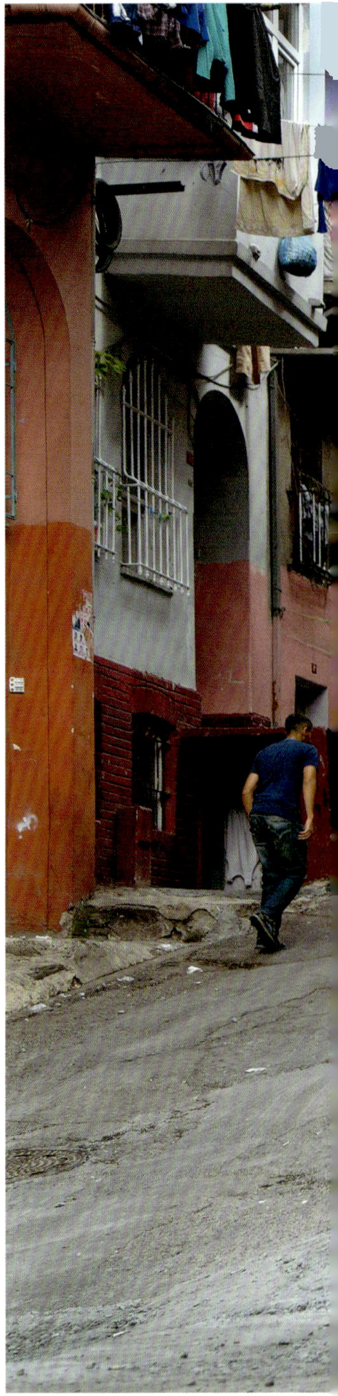

 Das traditionelle Leben im Stadtteil Tarlabaşı ist zunehmend von einer radikalen Gentrifizierung bedroht 19

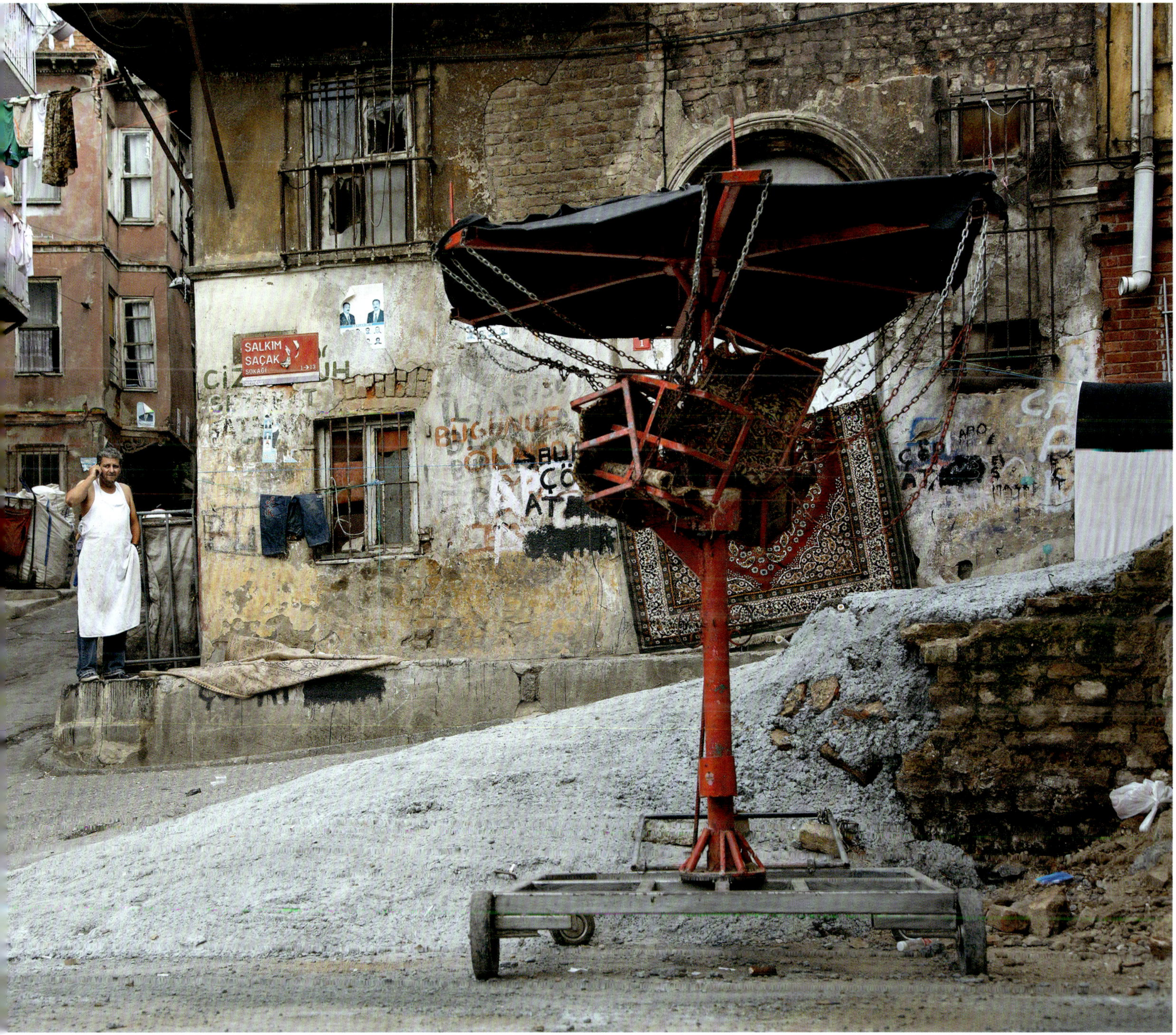
SALKIM
SAÇAK
SOKAĞI

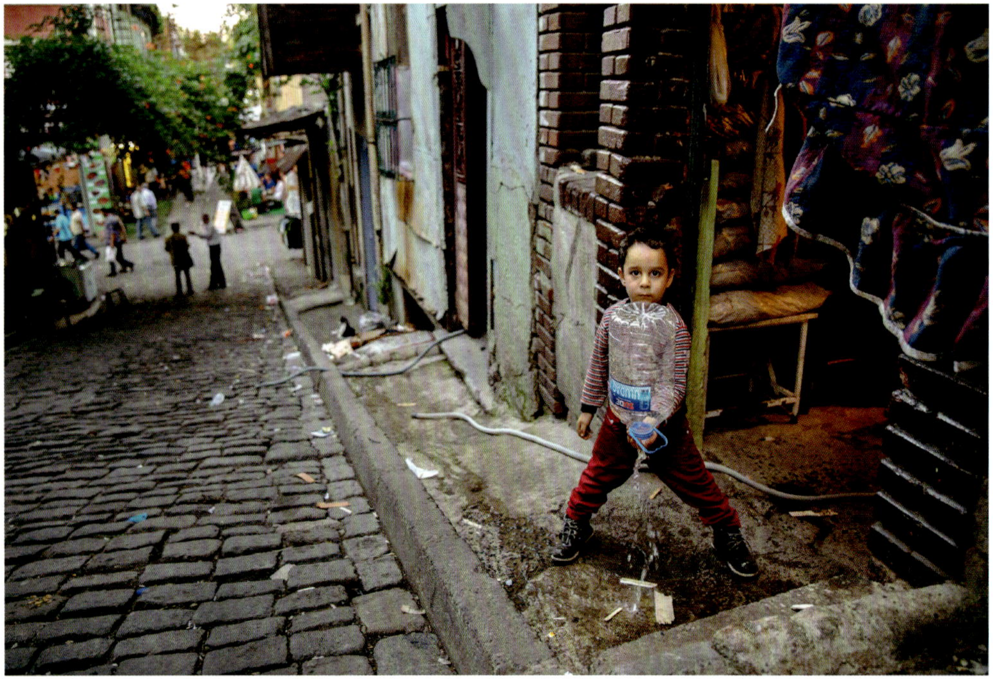

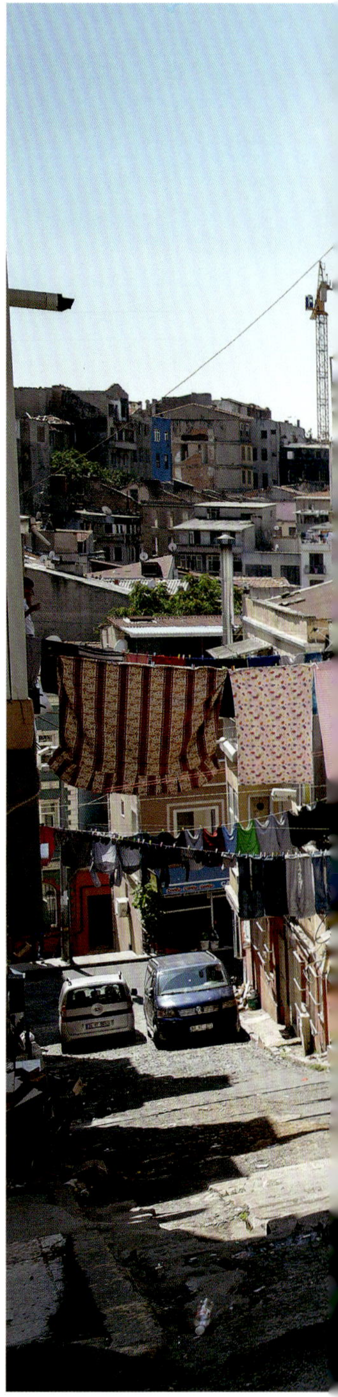

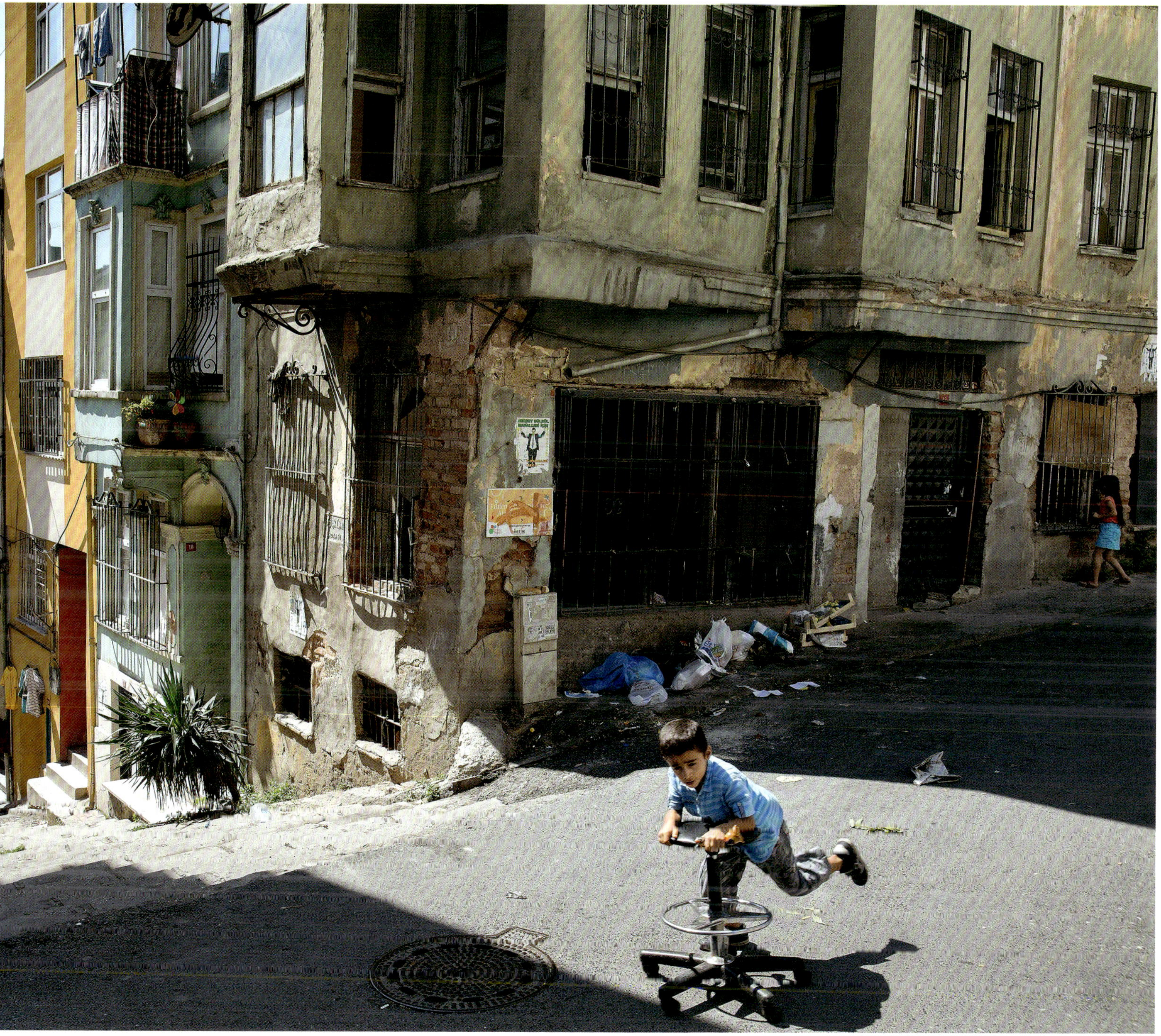

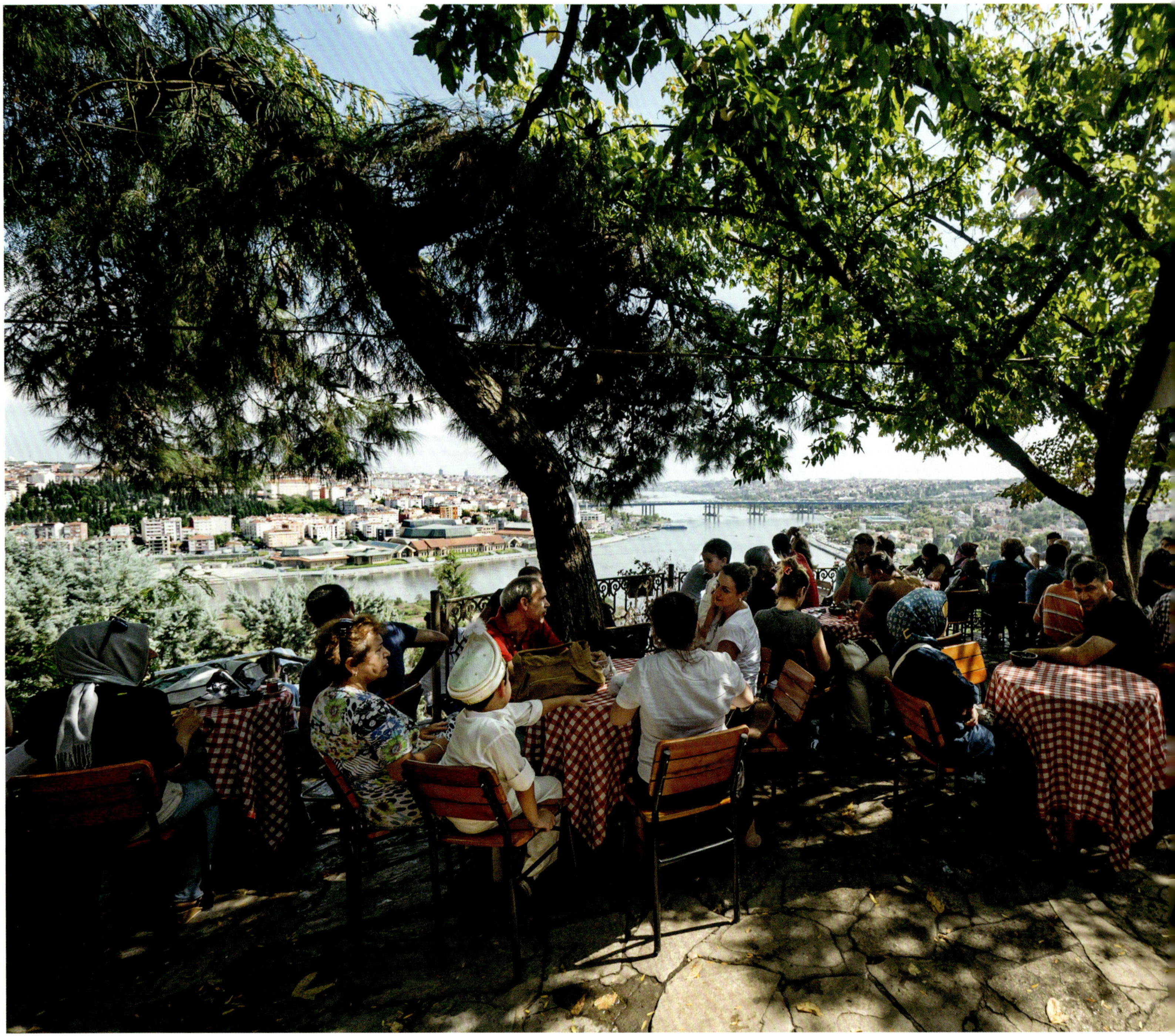

25 Terrassencafé in Eyüp oberhalb des Friedhofs Eyüp Sultan, mit Blick aufs Goldene Horn

38 Straßenimbiss in der Soğukçeşme, nahe der Hagia Sophia

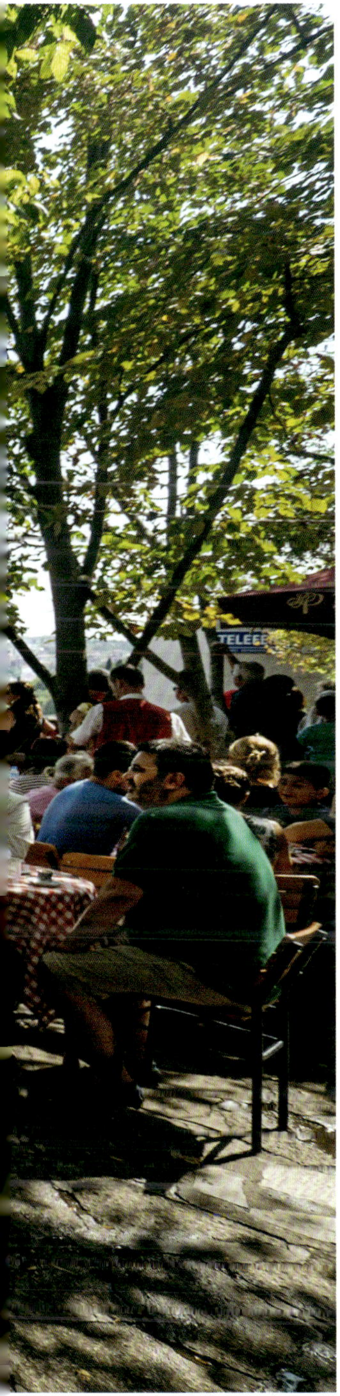

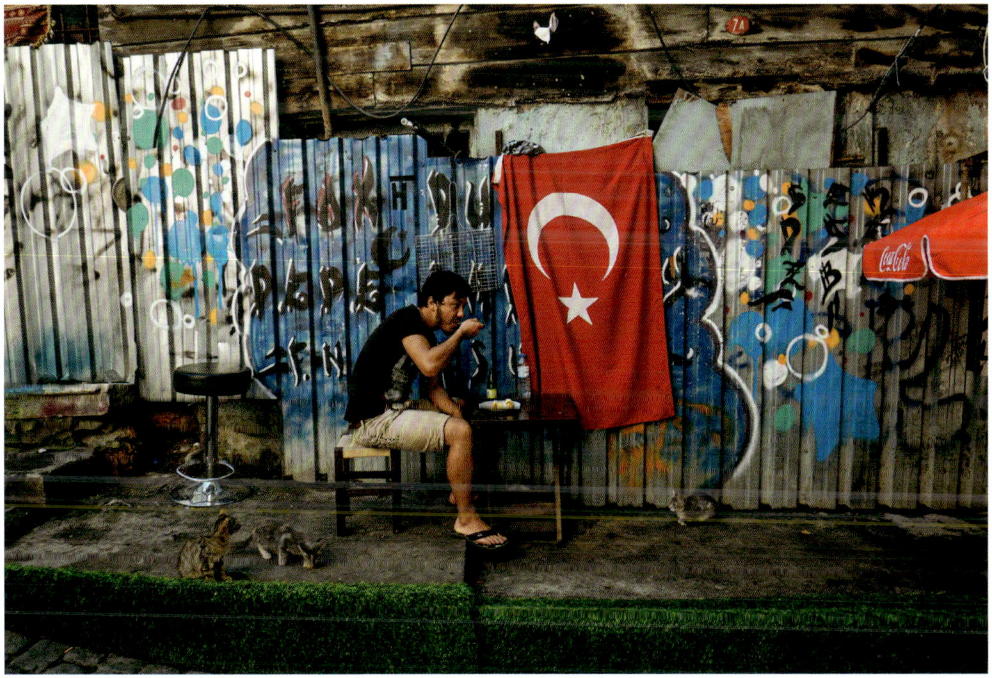

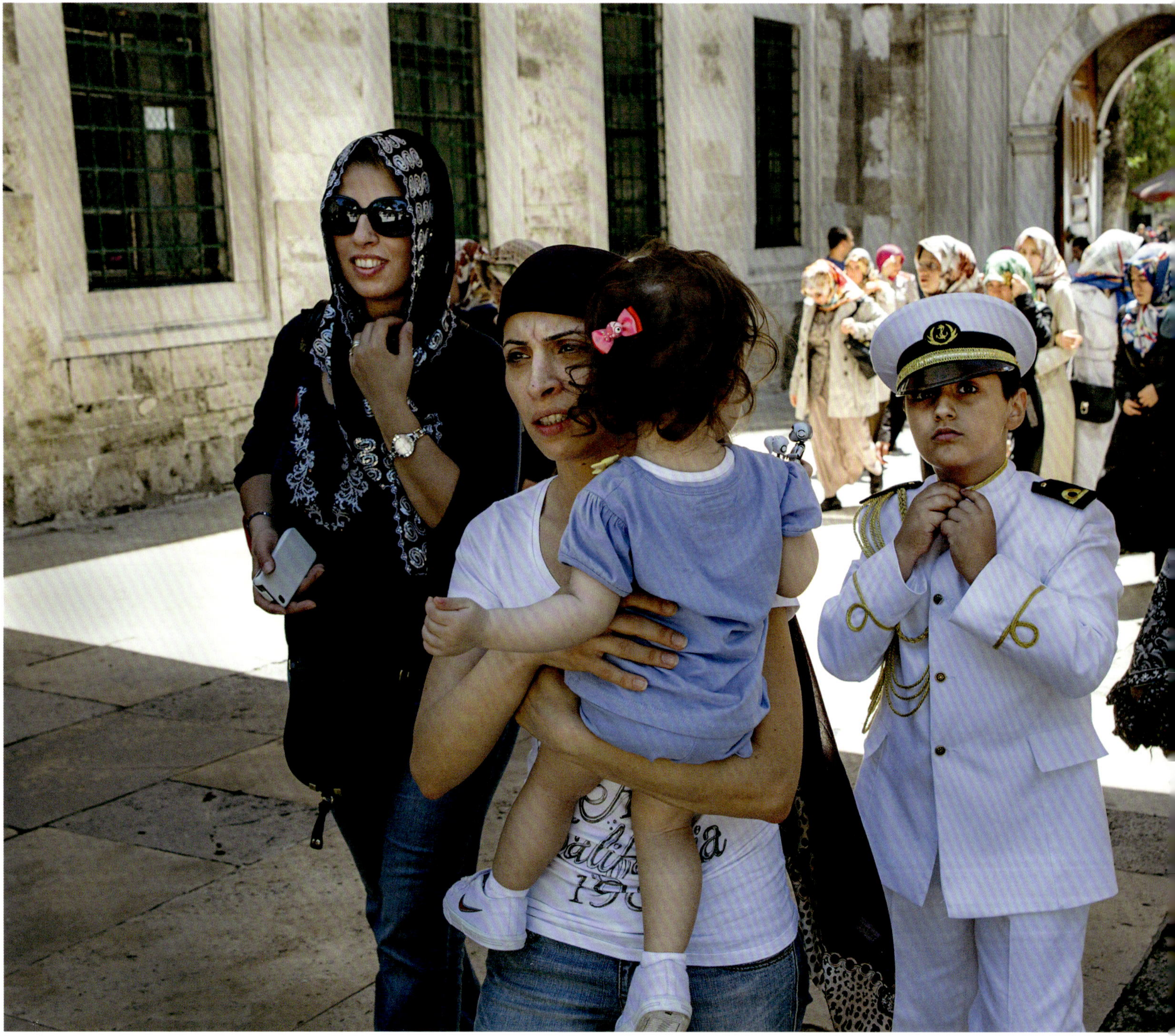

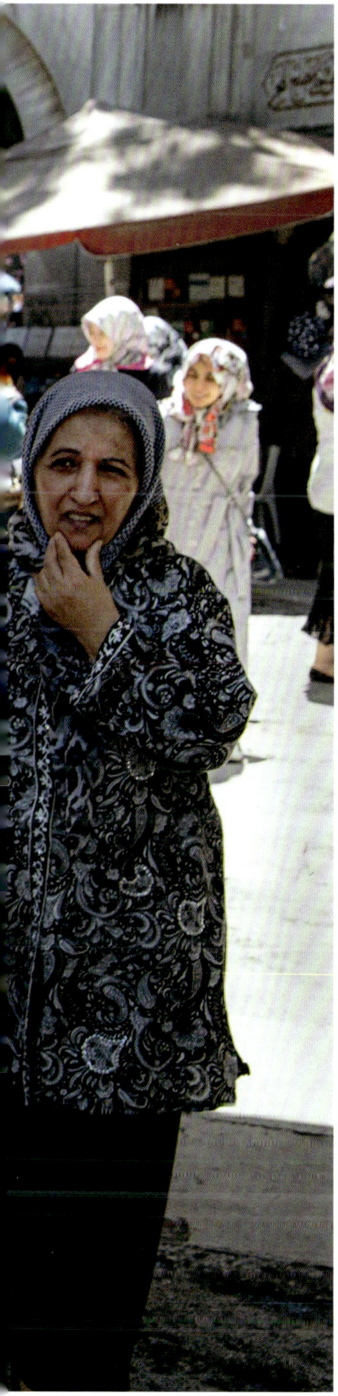

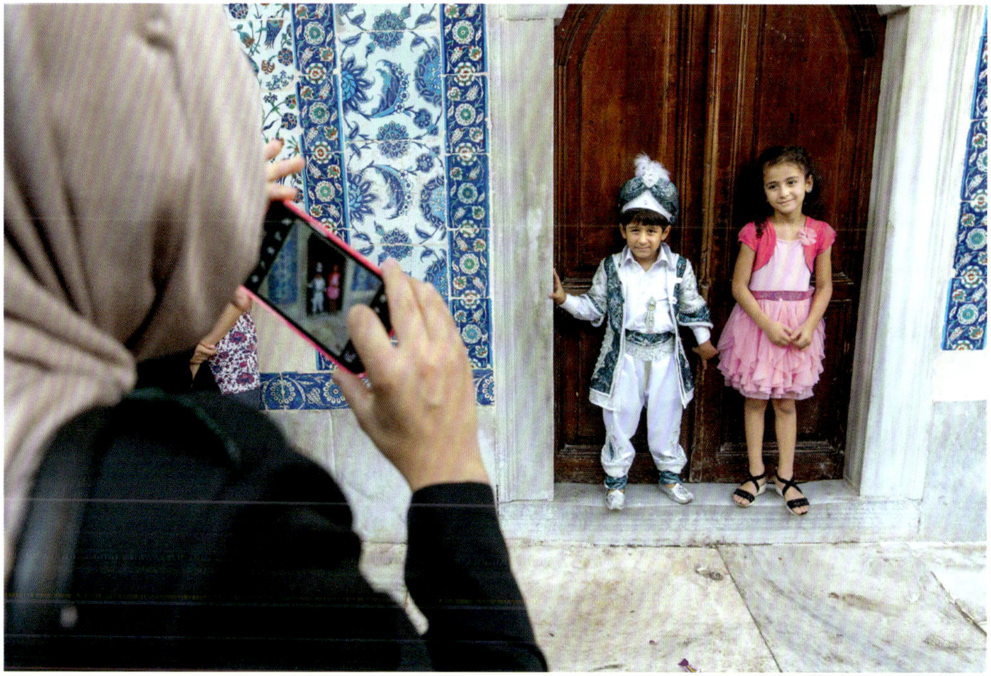

24 Jungen im Prinzen-Kostüm, der traditionellen Bekleidung des Beschneidungsrituals, beim Besuch der Eyüp-Sultan-Moschee

Belohnung nach dem Besuch der Eyüp-Sultan-Moschee 24

Eltern mit ihren kleinen Prinzen nach dem Besuch der Eyüp-Sultan-Moschee 9

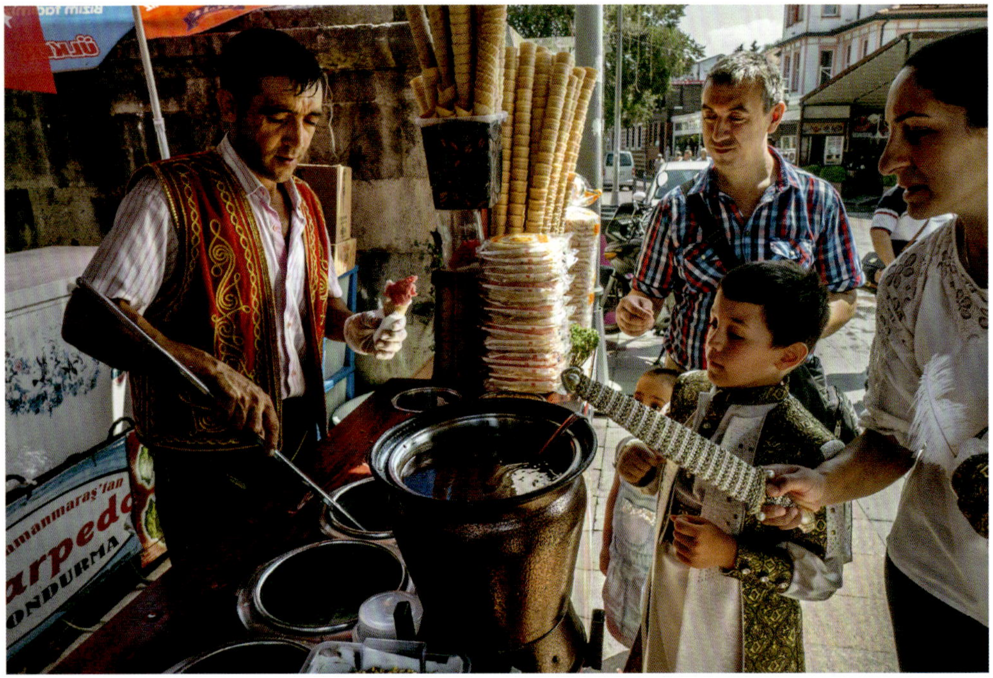

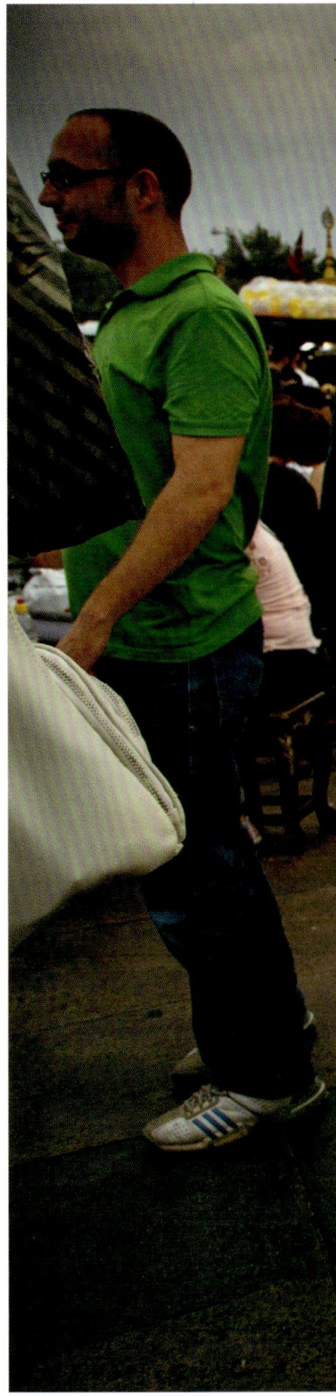

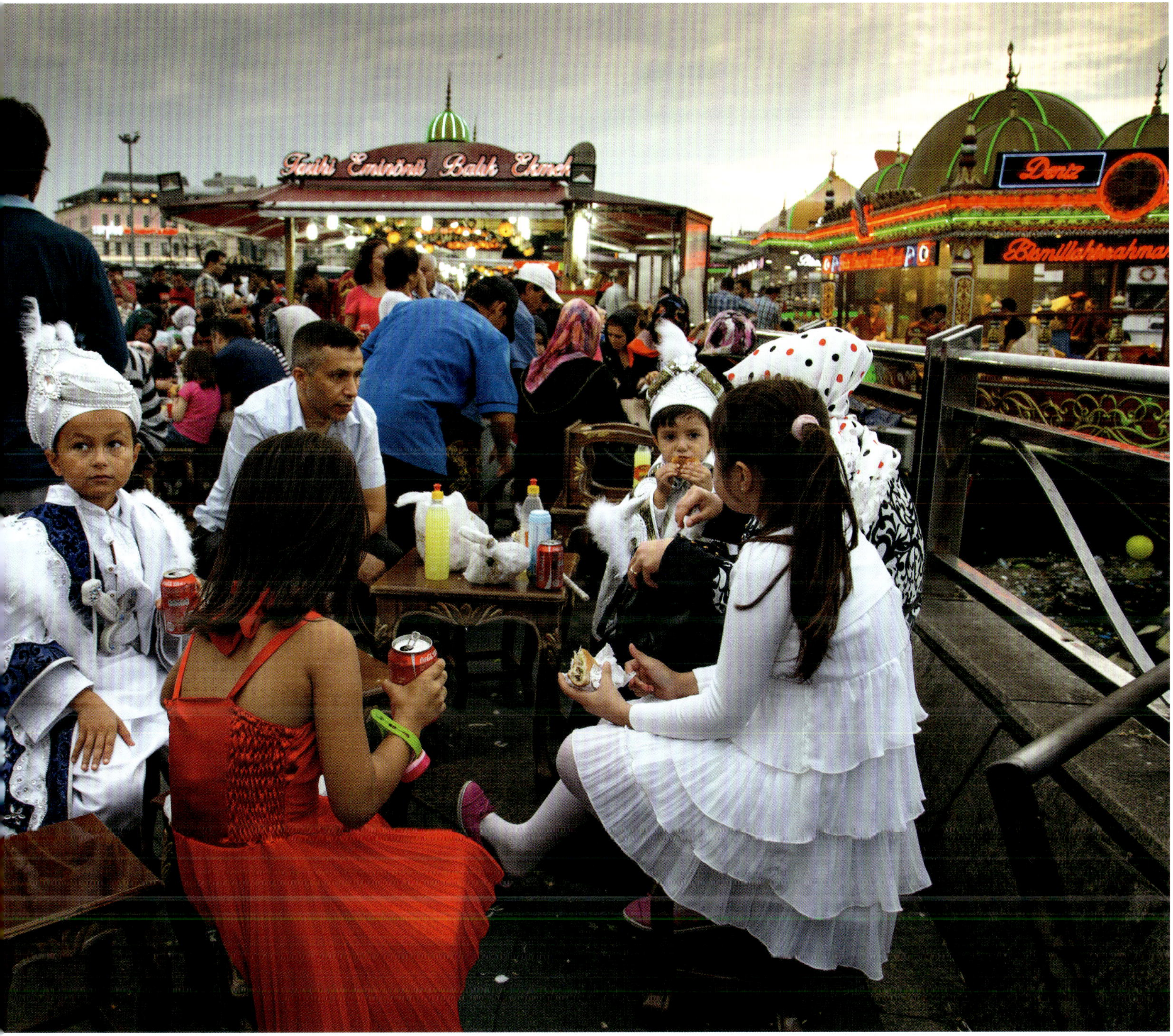
Tarihi Eminönü Balık Ekmek
Deniz

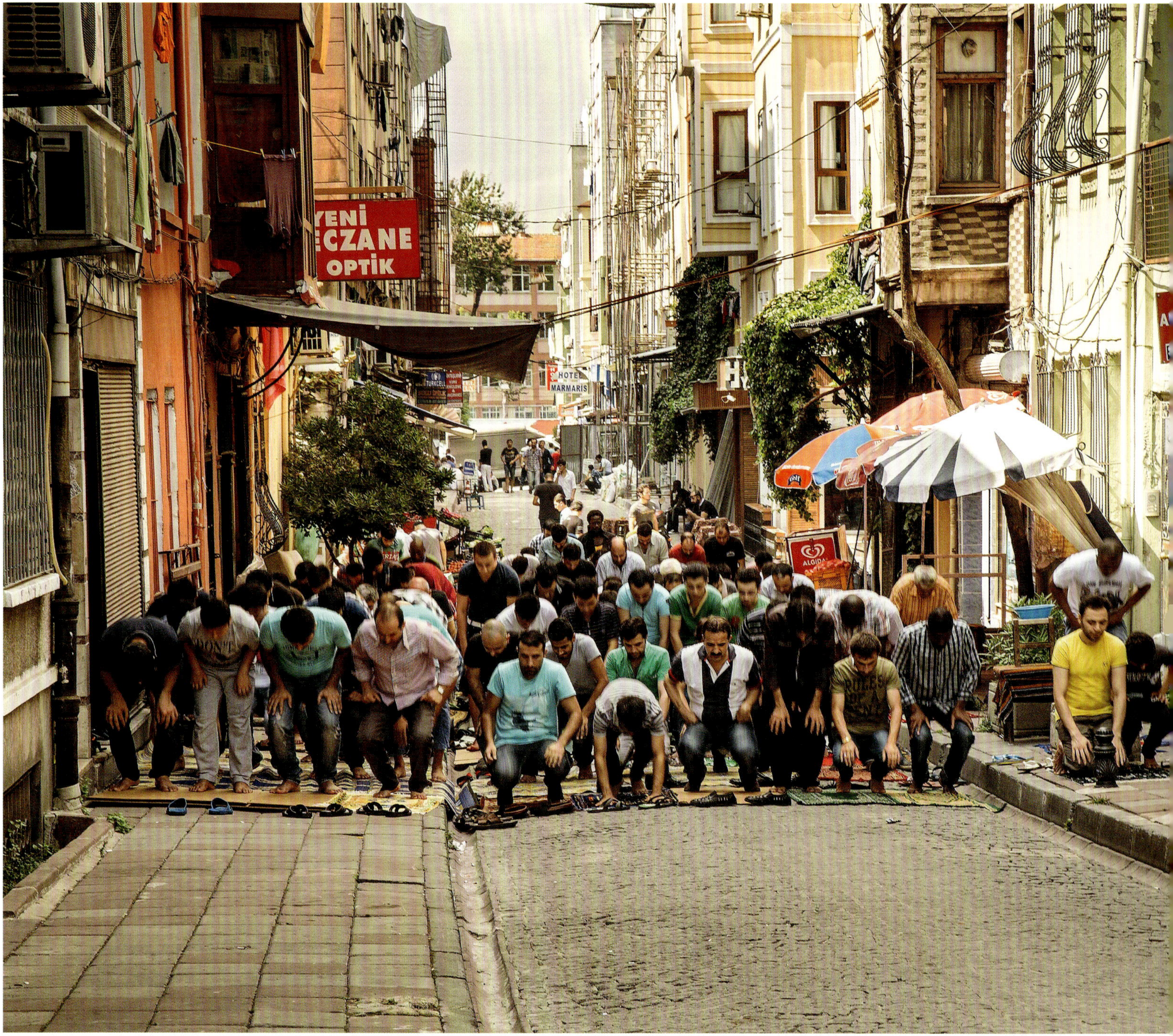
YENİ
OPTİK
HOTEL
MARMARIS
ALGIDA

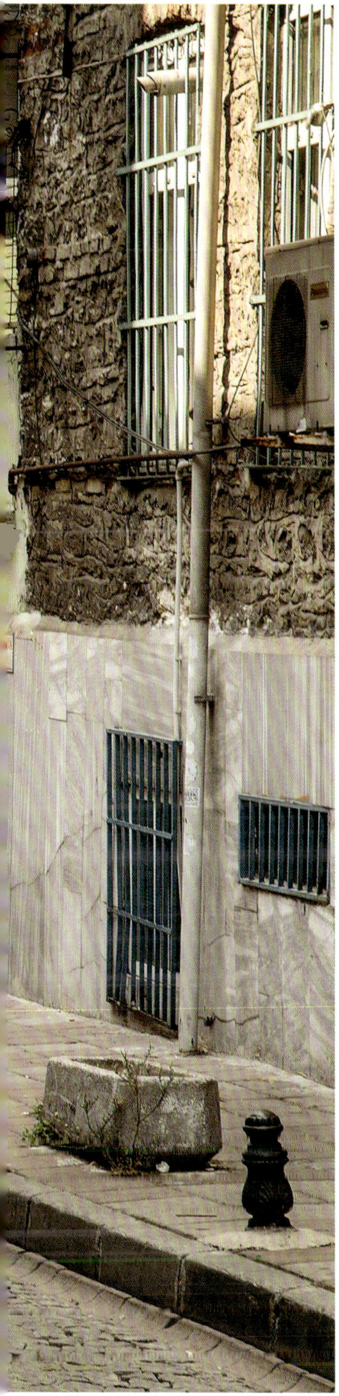

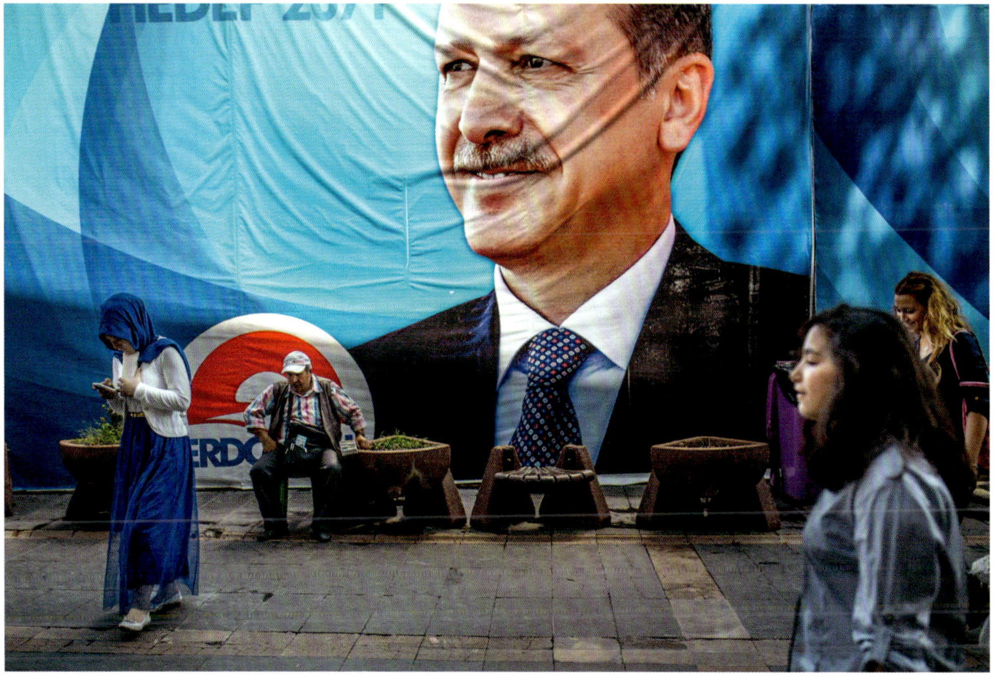

12 Freitagsgebet vor der überfüllten Ahmet-Çelebi-Moschee im Stadtteil Eminönü

24 Das Konterfei des Präsidenten Erdoğan ist im Straßenbild allgegenwärtig, wie hier im Stadtteil Eyüp.

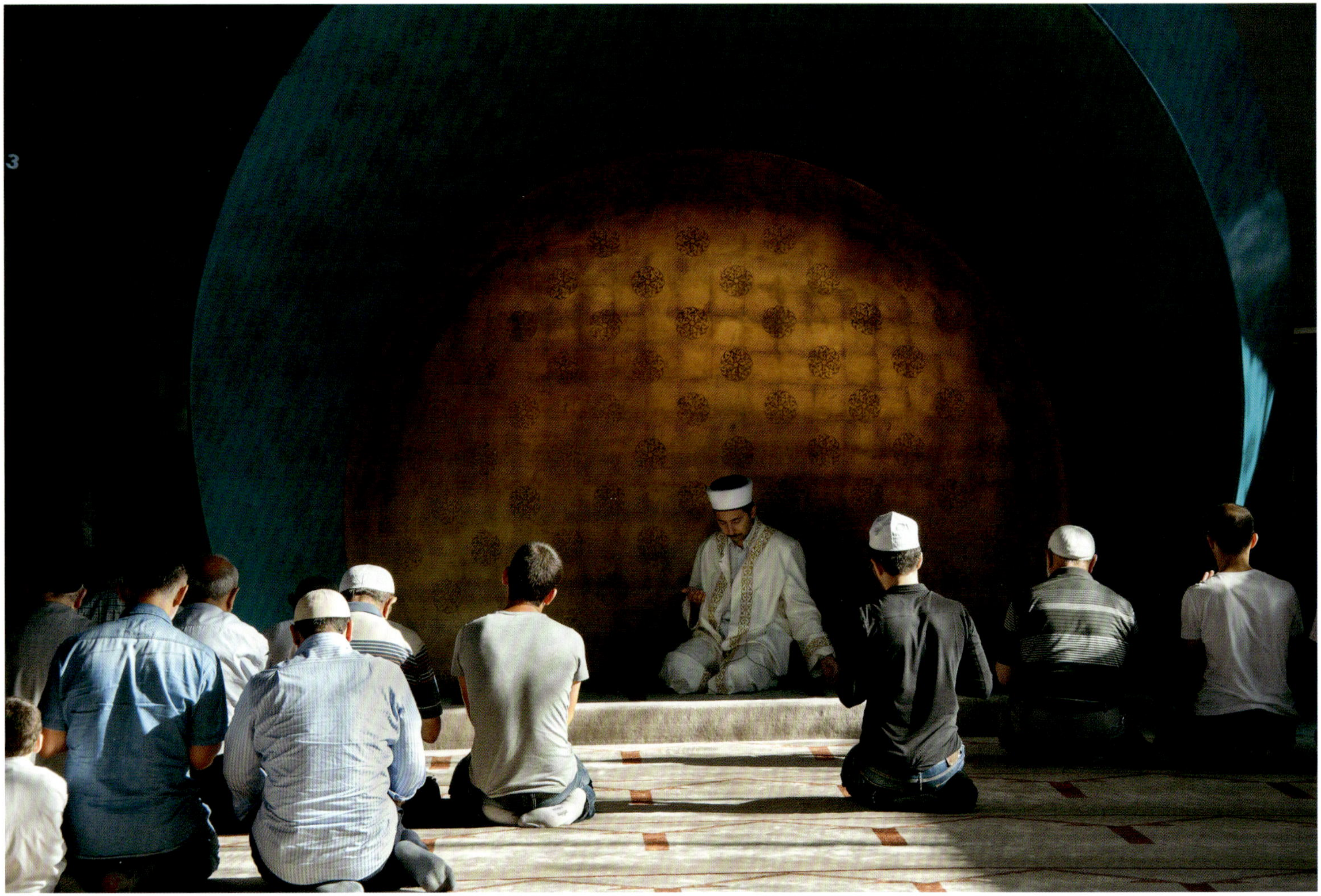

Gebet in der Şakirin-Moschee im asiatischen Teil Istanbuls, der ersten von einer Frau eingerichteten Moschee der Türkei. 28

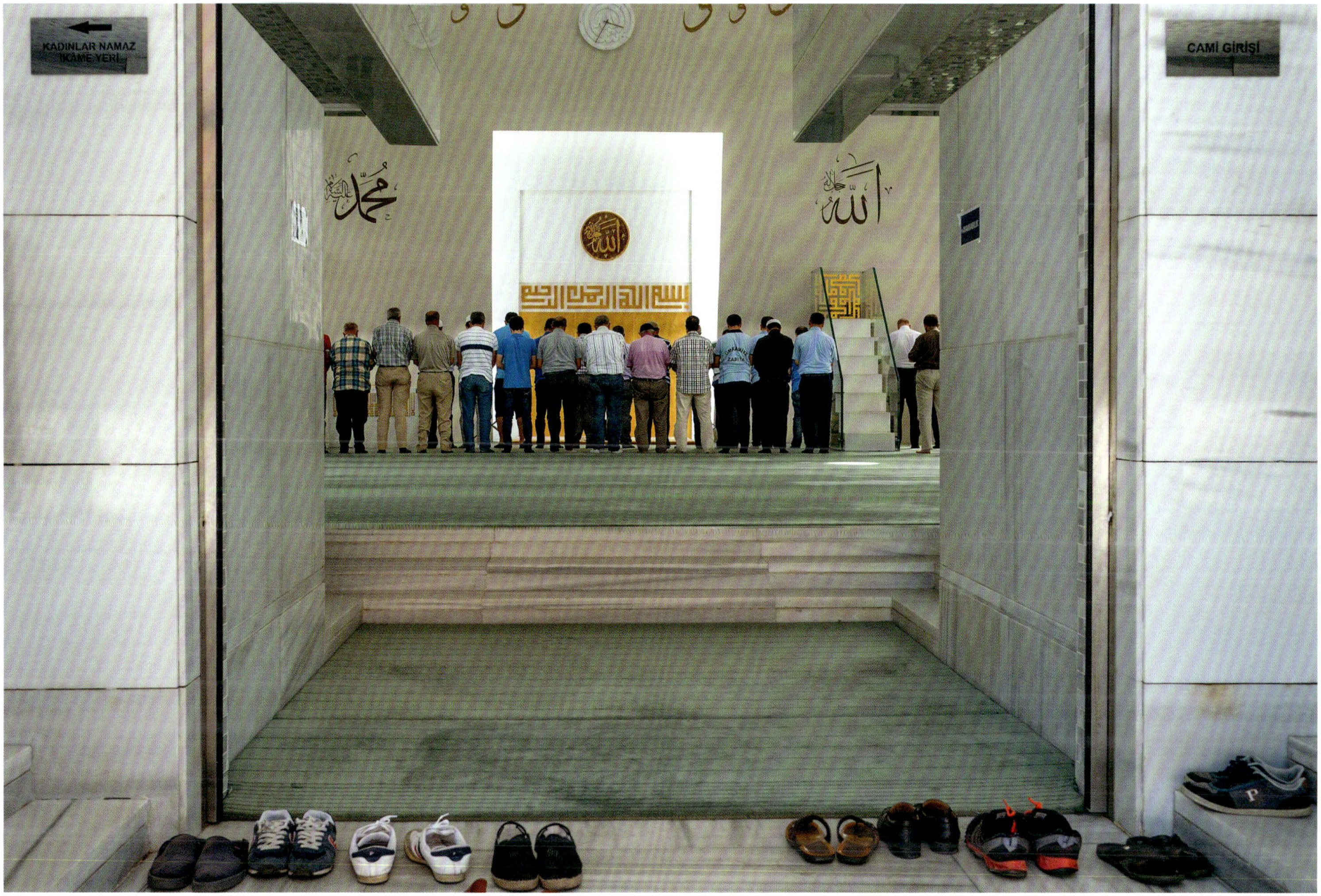

30 Mittagsgebet in der Yeşil Vadi Camii-Moschee, die sich ebenfalls im asiatischen Teil befindet

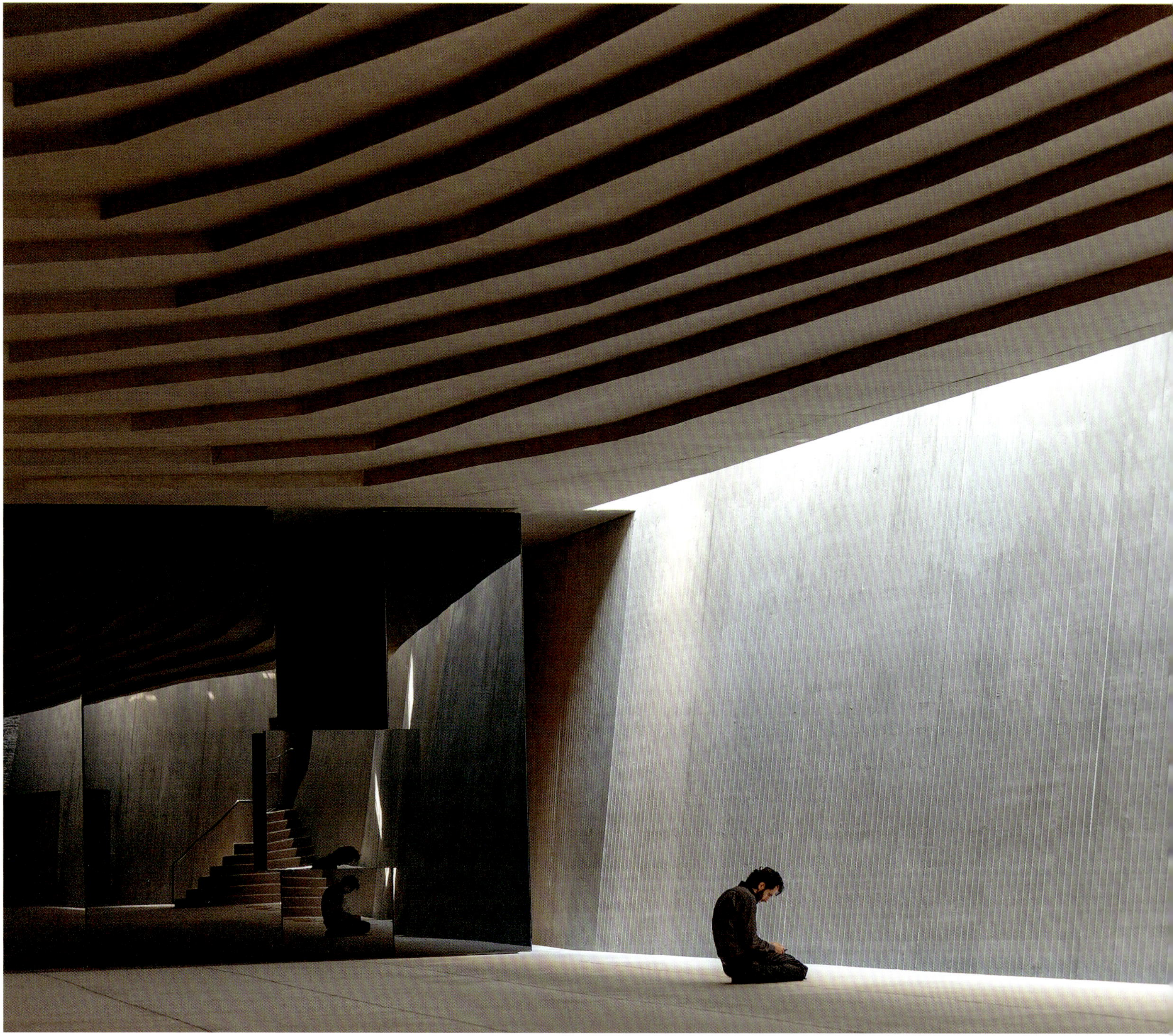

26 Einer der spektakulärsten Moschee-Neubauten ist die unterirdische Sancaklar-Moschee im Stadtteil Büyükçekmece

Die alte Zisterne wird geprägt von ihren 336 Säulen, von denen eine von zwei Medusenköpfen getragen wird 7

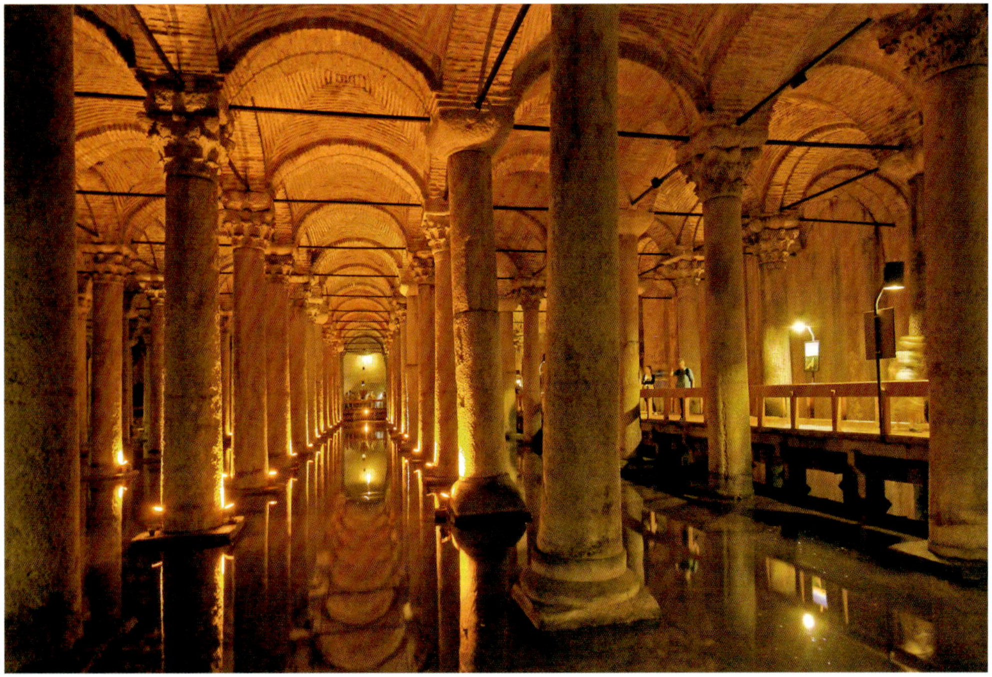

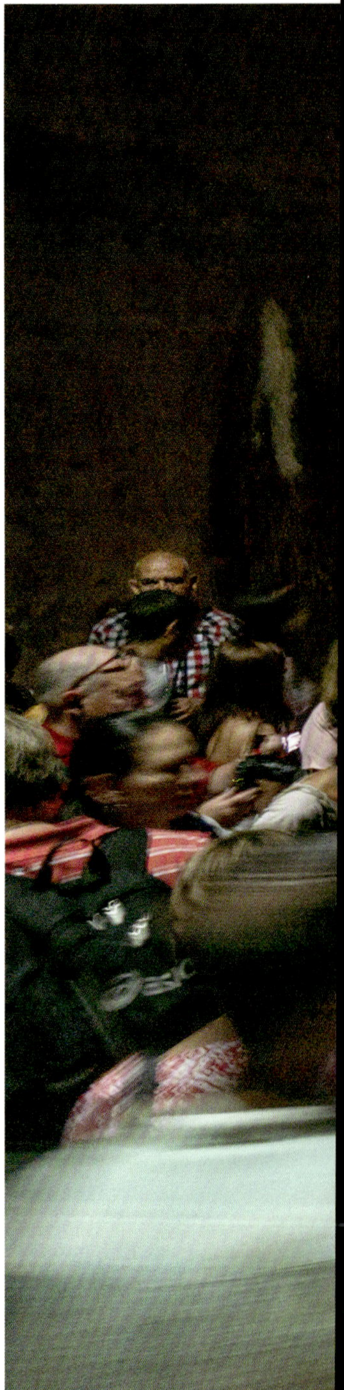

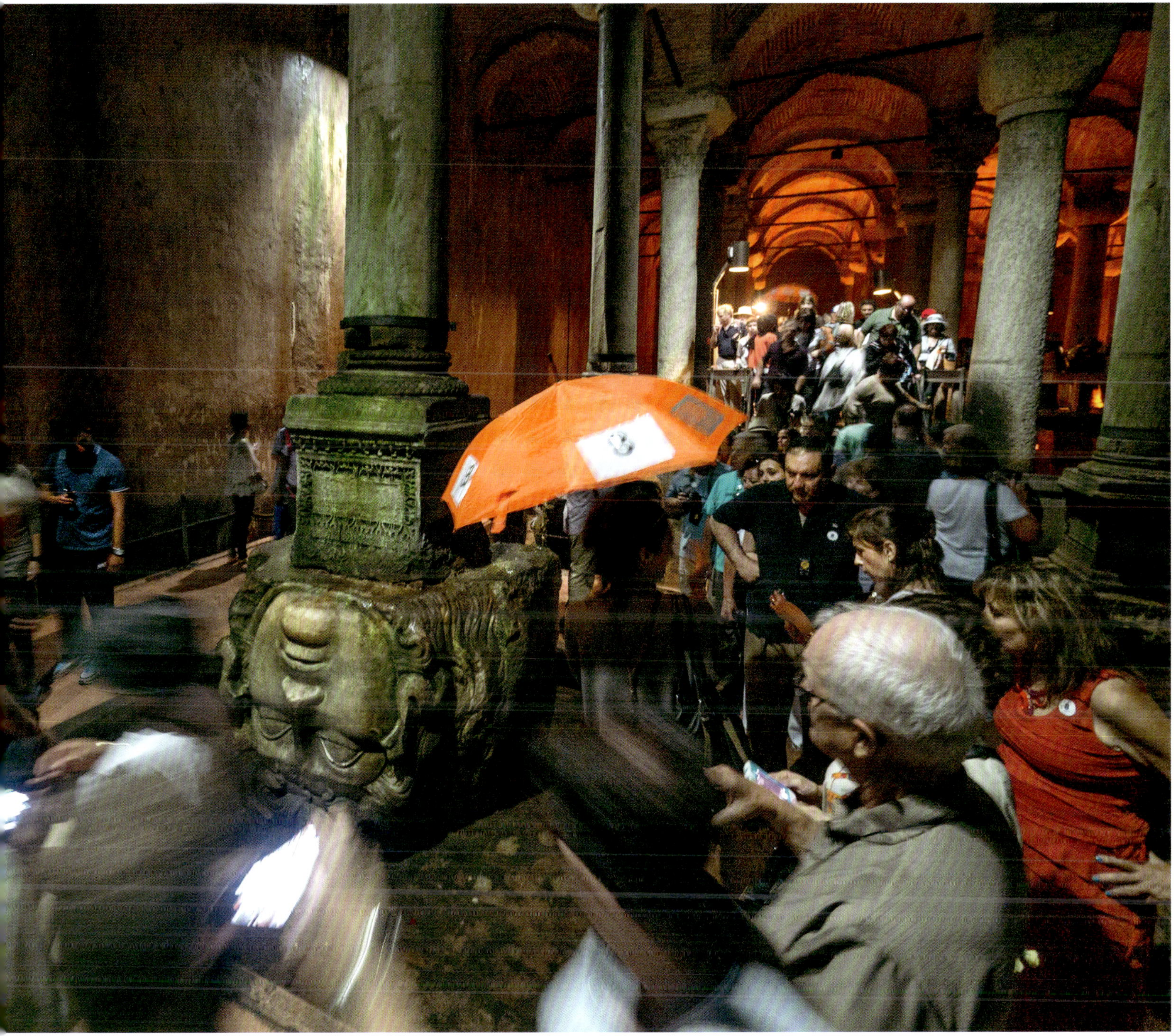

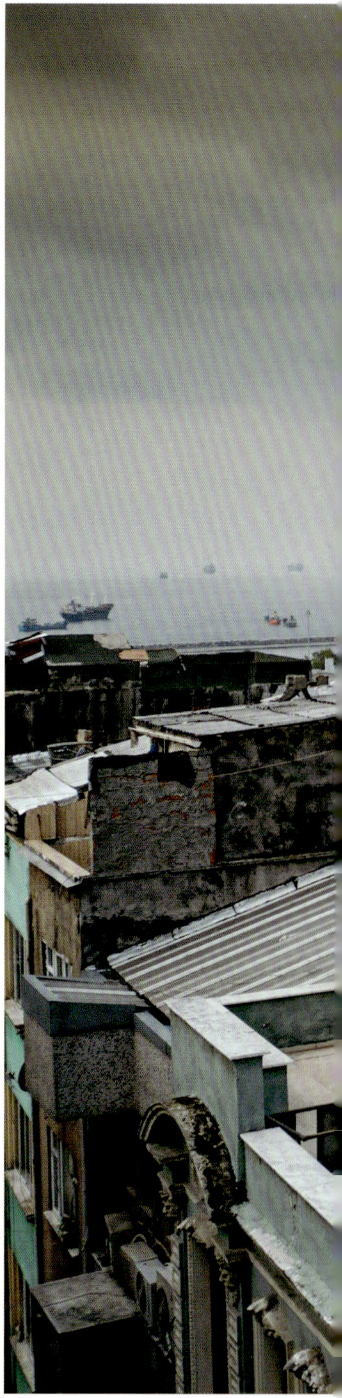

 Blick aus einem der oberen Zimmer des »Enderun« Hotels im Stadtteil Kumkapı auf das Marmarameer 2

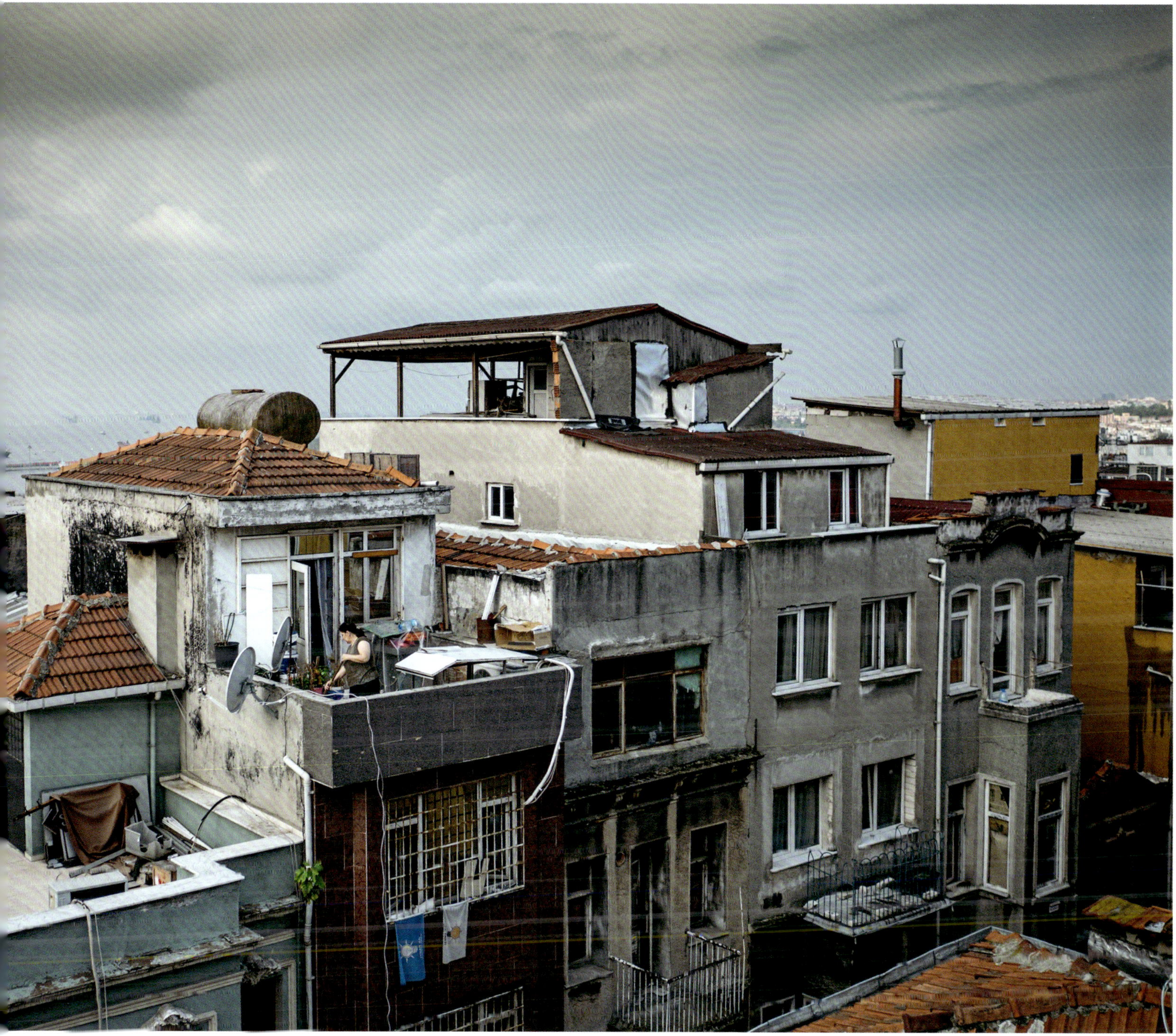

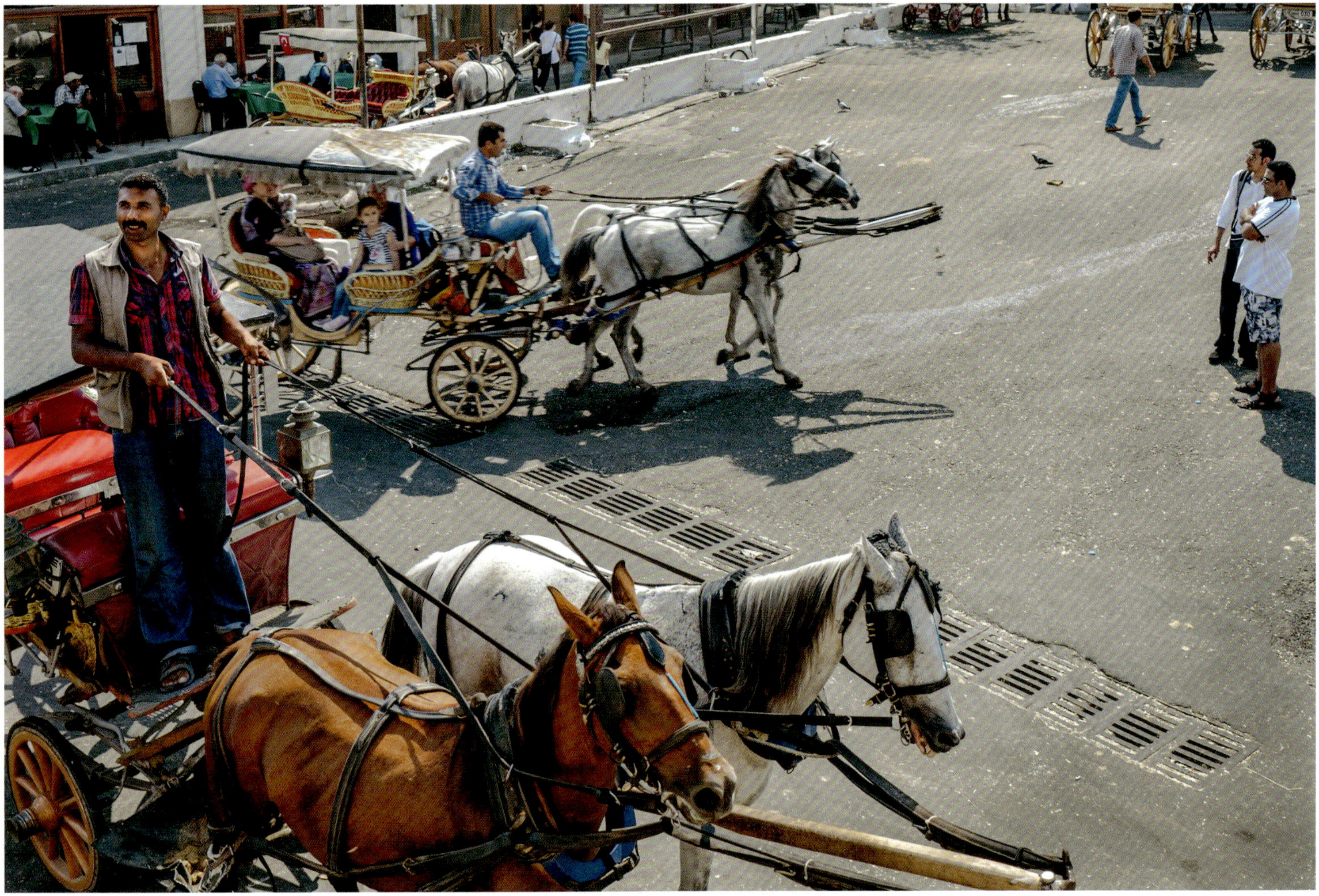

 Auf der autofreien Prinzeninsel Büyükada werden alle Transporte mit Pferdekutschen durchgeführt 27

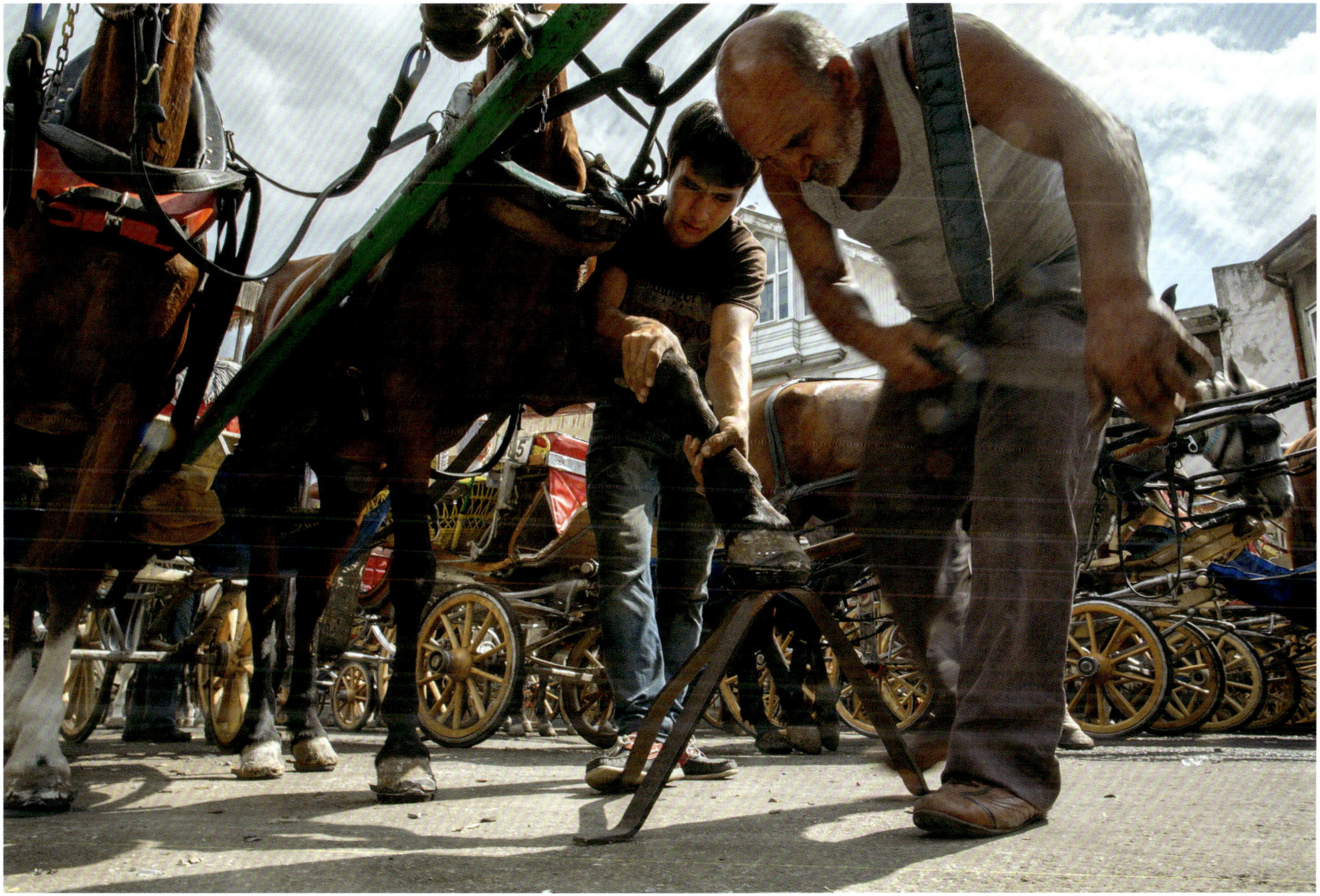

27 Zum Schutz der Straßen und Wege werden die Hufe der Pferde mit alten Autoreifen besohlt

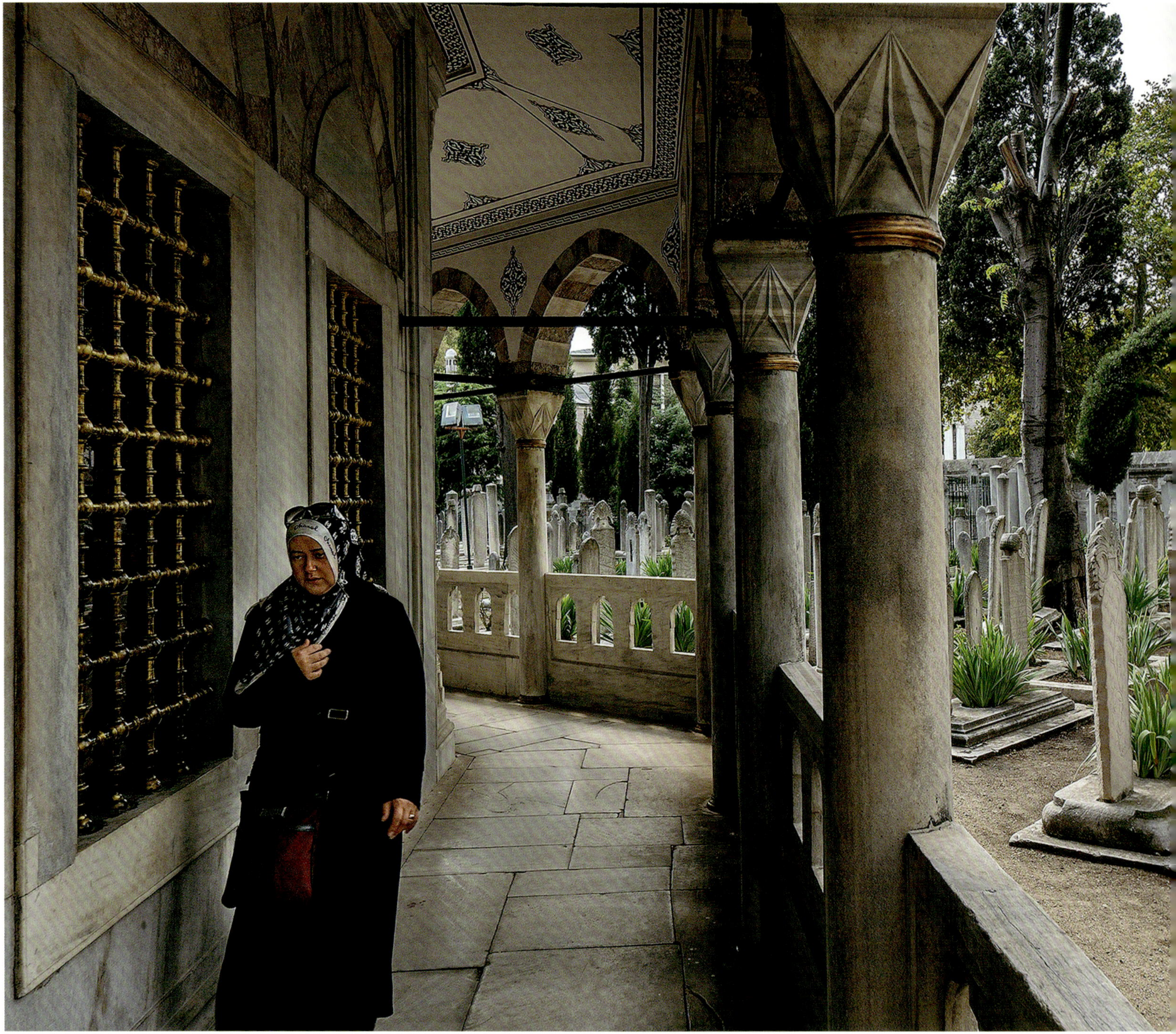

22 Auf dem Friedhof der Süleymaniye-Moschee liegt das Mausoleum des Bauherren Sultan Süleyman des Prächtigen

25 Nach dem Besuch der Eyüp-Moschee zieht es viele Gläubige in eines der Cafés oberhalb des Eyüp-Sultan-Friedhofs

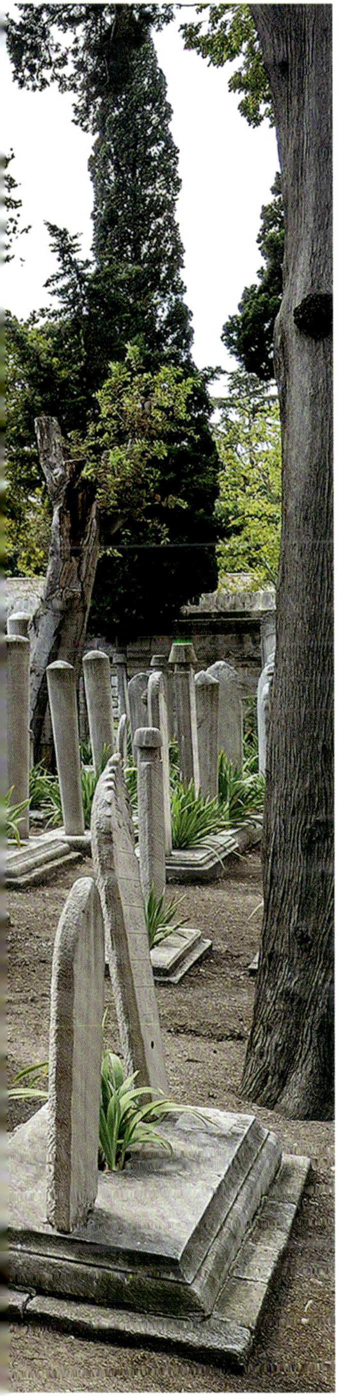

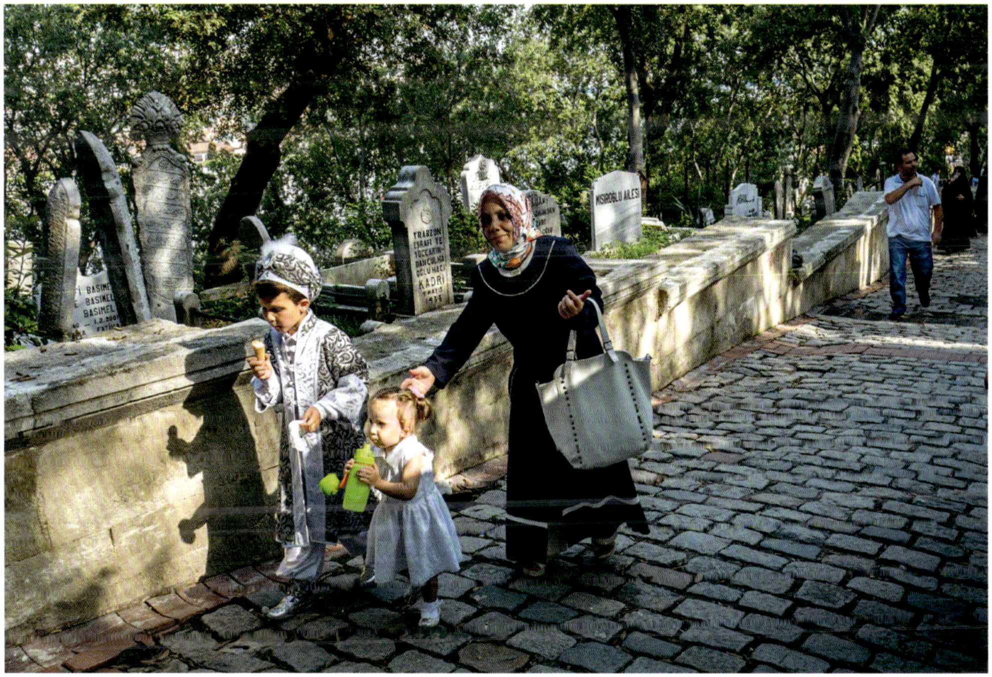

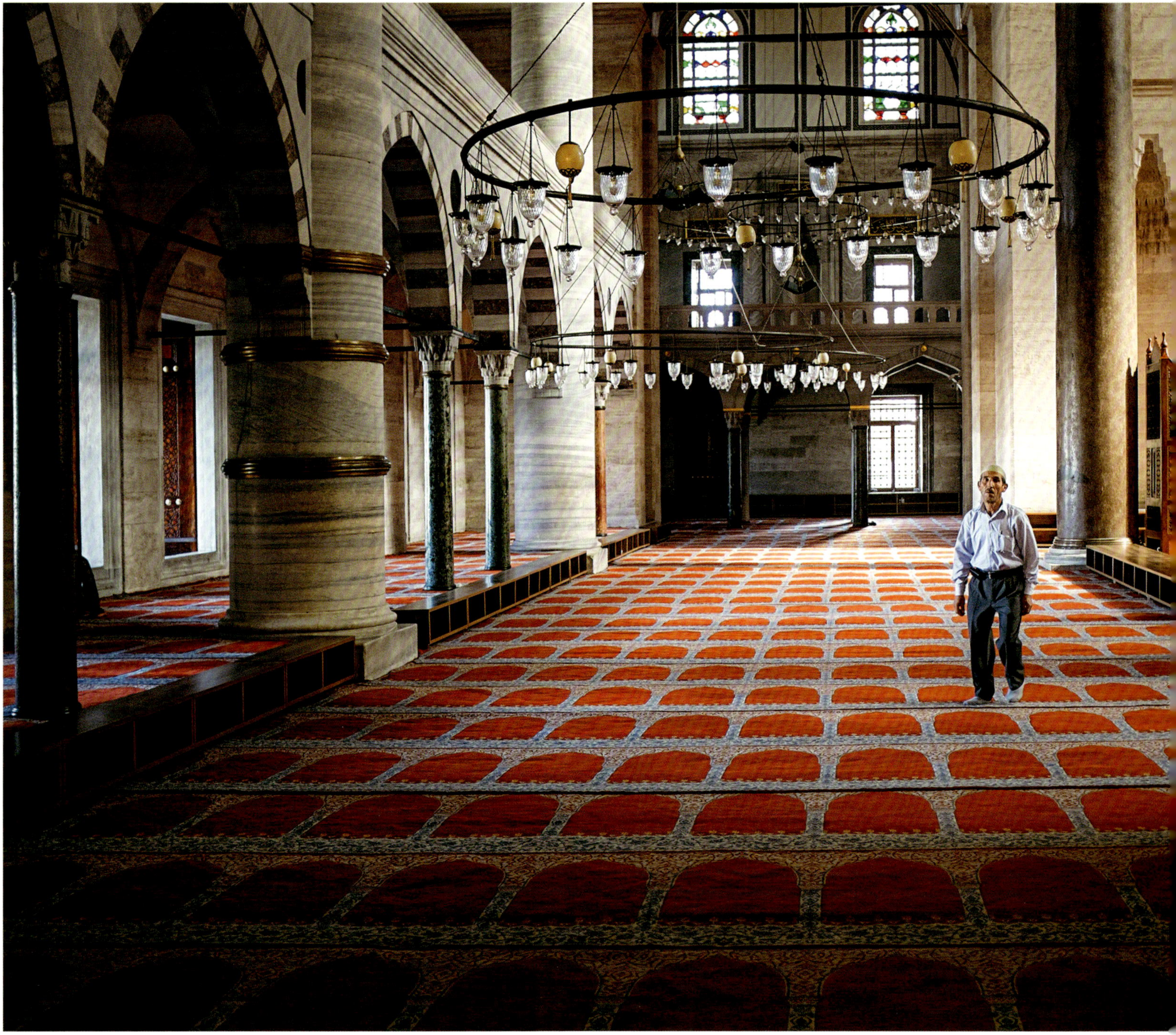

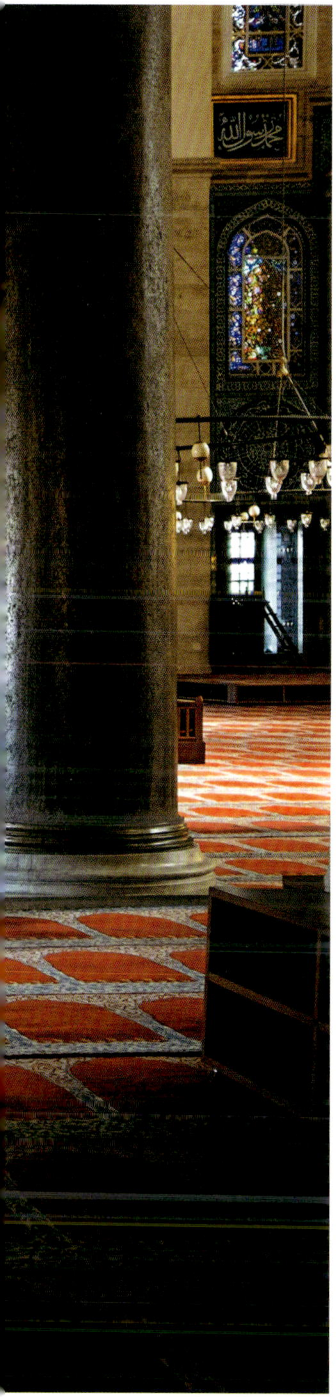

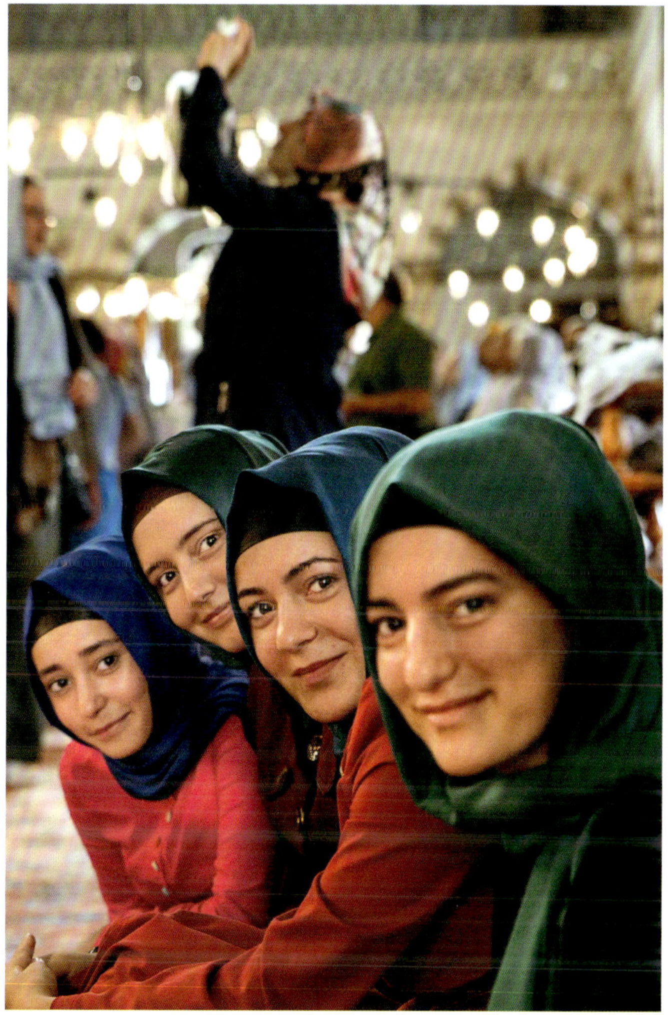

22 Seitenflügel der Süleymaniye-Moschee
4 Besucherinnen der Blauen Moschee

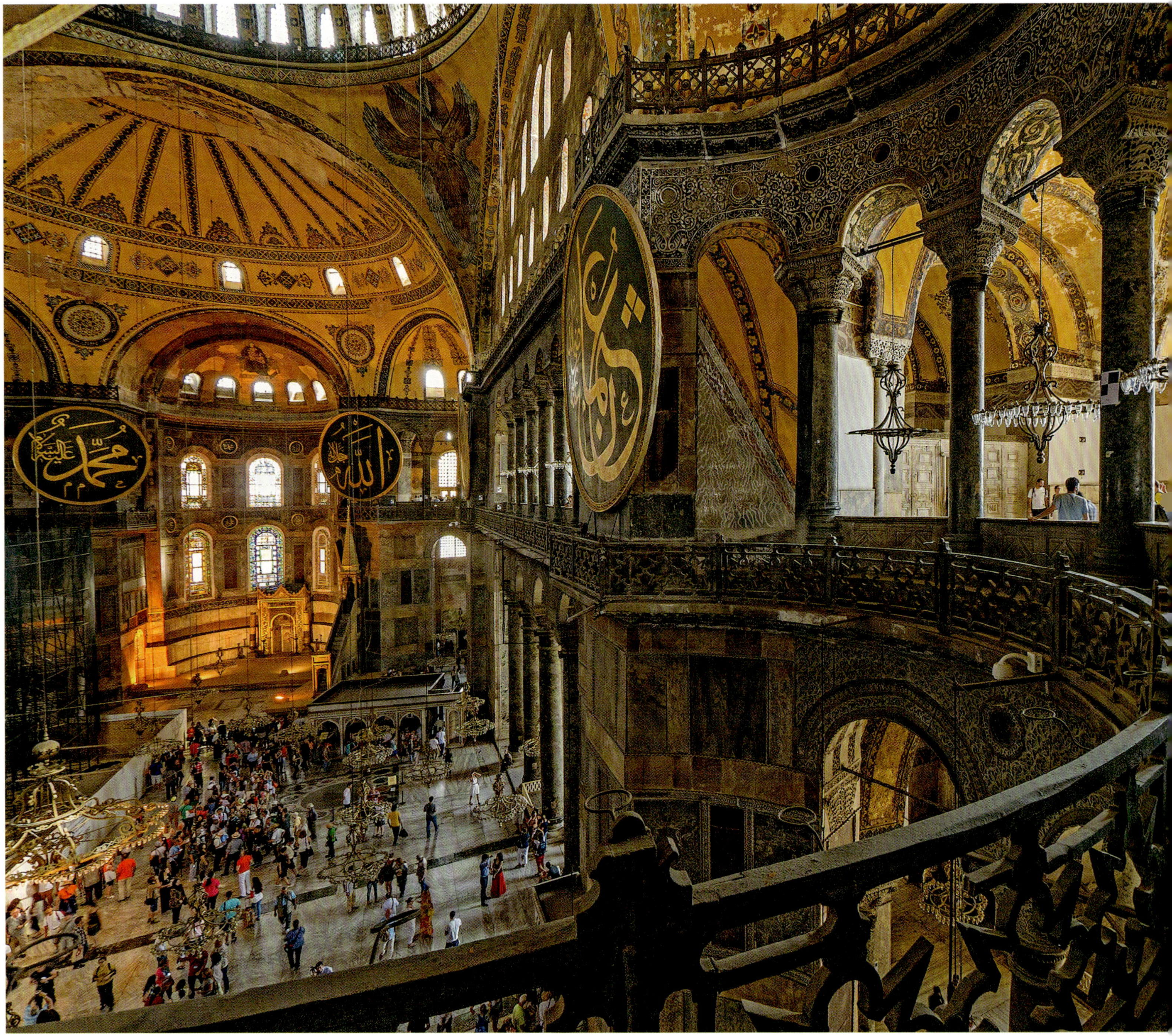
محمد
الله
عثمان

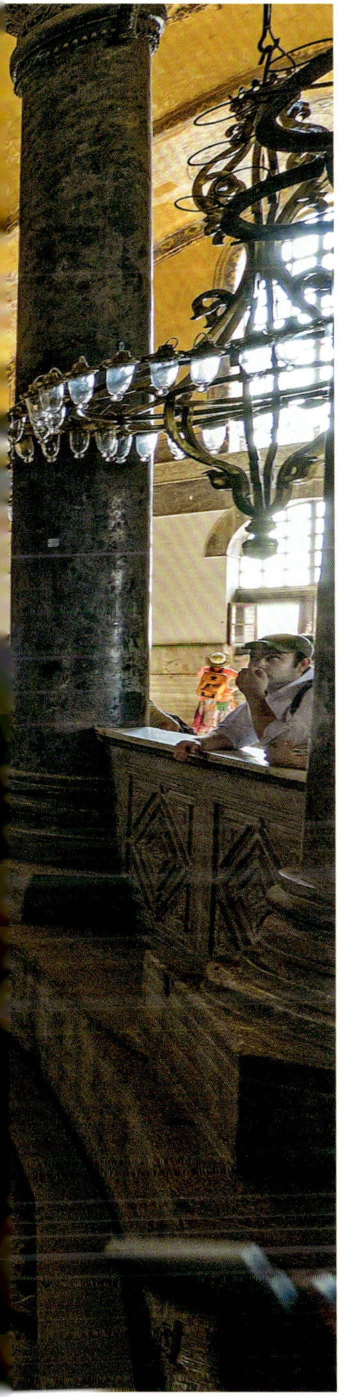

6 Der prächtige Innenraum der Hagia Sophia, die im Mittelalter als achtes Weltwunder galt

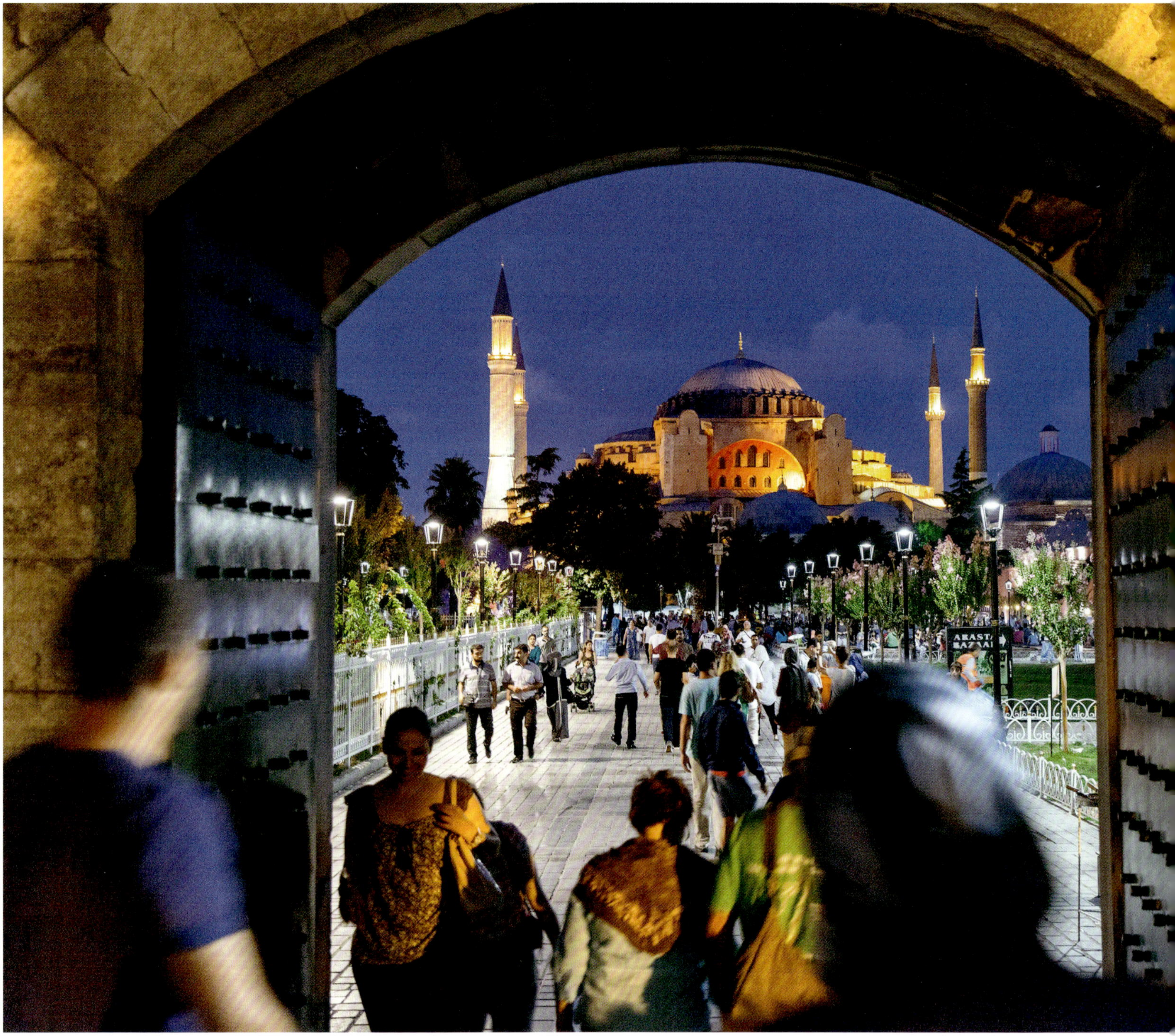

4 Blick auf die Hagia Sophia durch das Eingangstor zum Hof der Blauen Moschee

23 Im Stadtteil Küçükpazar

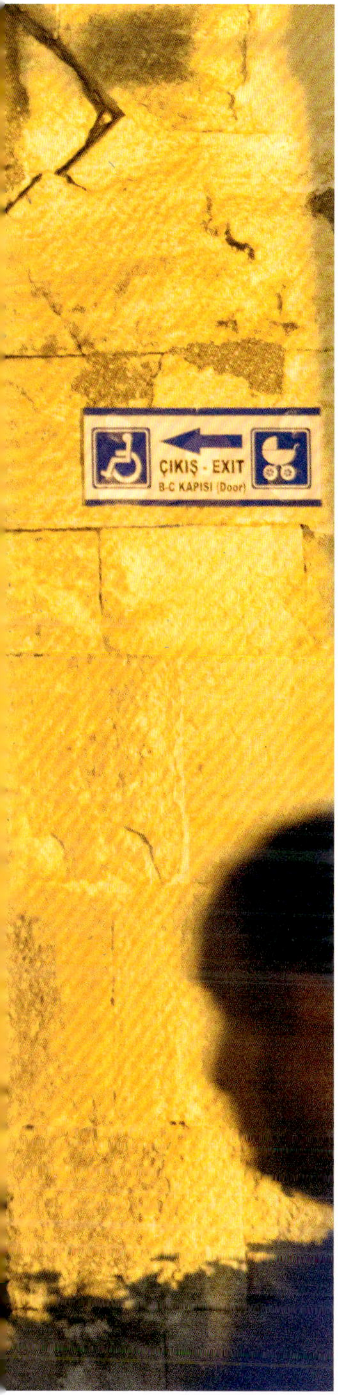

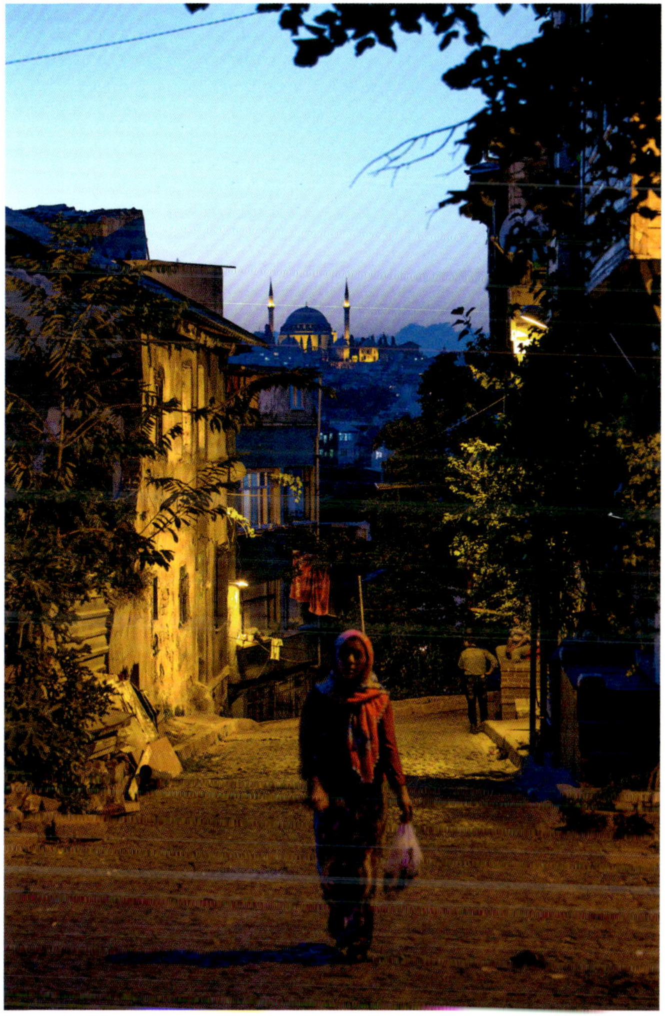

MIT DER KAMERA IN: ISTANBUL

TIPPS FÜR FOTOGRAFEN

Auf den folgenden Seiten haben wir LANDMARKER einige Informationen zusammengetragen, die Ihnen das Fotografieren in Istanbul erleichtern sollen. Außerdem möchten wir Ihnen helfen, interessante Motive und gute Standorte zu finden, zusätzlich zu jenen, die Sie selbst entdecken.

Für Ihre Fototour durch Istanbul sollten Sie sich zuerst eine Istanbul-Card kaufen. Diese elektronische Fahrkarte können Sie für alle öffentlichen Verkehrsmittel einschließlich der Fähren nutzen. Sie ist an Automaten und Kiosken aufladbar und am Atatürk-Flughafen, an allen großen Busbahnhöfen, Schiffsanlegestellen und vielen Kiosken erhältlich. Wenn man nicht mit öffentlichen Verkehrsmitteln fahren möchte oder wenn die Wartezeit zu lang ist, empfiehlt sich ein Taxi. Das ist in Istanbul billig und schnell, wenn man nicht gerade in der Rushhour unterwegs ist.

1 Der Große Basar (S. 12/13, 40/41, 42/43, 44/45) ist ein Labyrinth aus Einkaufsgassen und gerade als Fotograf, der ständig durch den begrenzten Ausschnitt des Suchers schaut, verliert man schnell die Orientierung und den fotografischen Überblick. Will man das Gefühl eines Märchens aus 1001 Nacht erzeugen, dann sollte man sich auf jene Stände und Waren konzentrieren, die dieses Gefühl aufkommen lassen, also nicht auf einen Stand mit imitierten Fußballtrikots. Stattdessen halten Sie Ausschau nach Gewürzständen, einem Laden mit orientalischen Lampen, Teppichen oder Porzellan. Die Architektur des Lederbasars erinnert an venezianische Gassen, besonders am kleinen Marktplatz des Lederbasars, der ein Teil des Großen Basars ist. An diesem Platz führt eine Treppe eine Etage hoch zum Ausgang, von der man wunderbar herabfotografieren kann und so mehr Tiefe ins Bild bekommt. Normalerweise ist auch hier das Fotografieren kein Problem, und die meisten Verkäufer sind sehr freundlich. Tipp: Zeigen Sie mit einer kleinen Geste auf die Kamera und erbitten Sie mit einem angedeuteten Nicken die Zustimmung zum Fotografieren. Tatsächlich tauchten im letzten Jahr immer häufiger Zeichen an Verkaufsständen auf, die mit einer durchgestriche-

nen Kamera signalisieren, dass Fotografieren dort unerwünscht ist. Dies sollte man respektieren. Ursache hierfür ist vermutlich die oft unhöfliche Aufdringlichkeit, mit der »Knipser« auf die Händler anlegen.

1 Direkt neben dem Großen Basar, nahe der Haltestelle Beyazit, befindet sich der **Büchermarkt** (S. 46/47). Der Handel mit Gedrucktem hat dort Tradition. Schon im 15. Jahrhundert wurde der Markt gegründet. Gehen sie nicht zu früh am Morgen dorthin. Das Leben beginnt erst langsam gegen zehn Uhr. Der Umgang mit den Händlern erfordert ein wenig Fingerspitzengefühl. Natürlich wissen sie, dass wir Fotografen nicht hinter Büchern her sind, sondern hinter Bildern. Am besten lässt man sich zu Beginn Zeit, um attraktive Motive und Perspektiven zu entdecken. Erst dann holt man den Fotoapparat aus der Tasche und macht zügig, aber ohne Eile oder gar Hektik, seine Bilder. Das Vormittagslicht, das zum Teil durch die Blätter der umliegenden Bäume einfällt, verwandelt den Basar in eine kleine ruhige, romantische Bücherinsel. Beziehen Sie ruhig die Blätter der Bäume in eines Ihrer Motive ein. Dadurch wird die Romantik des Ortes unterstrichen. Oder eine der vielen Katzen, die dort schläfrig herumliegen.

Im etwas tiefer liegenden Eingangsbereich der Basarseite gibt es wenig Licht und somit tiefe Schatten. Im oberen Marktteil ist es wesentlich heller. Wenn von oben in den unteren Eingangsbereich fotografiert wird, ergibt das ein Foto mit zwei Bildebenen und einer interessanten Lichtstimmung, die jedoch etwas Erfahrung im Umgang mit Kontrasten erfordert. Hier belichtet man am besten auf die Lichter und hellt später per Photoshop die Schattenpartien auf. Oft ist auf dem Büchermarkt ein folkloristisch gekleideter Saftverkäufer anzutreffen, der sehr gut schmeckenden Kirschsaft aus einem Gefäß auf seinem Rücken verkauft. Das Eingießen des Saftes ist ein kleines Zirkuskunststück und ebenfalls ein Bild wert.

Wer sich für Kunsthandwerk interessiert, dem seien die zahlreichen **Silberwerkstätten** (S. 42, 44/45) empfohlen. Sie liegen 1
fast alle am Rande des Großen Basars. Am besten, Sie fragen in einem Silberwaren-Laden nach einer Werkstatt. Fast immer bringen die Händler einen dann direkt zu der Werkstatt, mit der sie zusammenarbeiten. Es ist wie eine Reise in eine andere Welt, über Hinterhöfe und Treppen, durch enge schmuddelige Gemäuer. Dort angelangt, wird man immer freundlich aufgenommen und kann ungehindert fotografieren. Am fotogensten sind wahrscheinlich die Polierer mit ihren rußgeschwärzten Gesichtern. Oder die Silberschmiede, die große Stücke punzen, also mit einem Hammer und Punziereisen ornamentale Reliefs in die Rohlinge schlagen. Achten Sie darauf, dass Sie nicht zu kleine Objekte für Ihre Fotos auswählen, da man diese sonst auf den Bildern nicht gut erkennen kann. Und verwenden Sie keinen Blitz. Er würde die oft einzigartige Lichtdramatik aus Fensterlicht und Neon zunichte machen. Sofern Ihre Kamera ein einigermaßen gutes Rauschverhalten hat und Ihr Objektiv nicht zu lichtschwach ist, kommen Sie auch ohne Blitz klar.

Das **Rauchen der Wasserpfeife**, der Shisha, gehört noch 1
immer zu den traditionellen Ritualen der Entspannung, überwiegend unter Männern. Wasserpfeifen werden an zahlreichen Orten geraucht, aber nur wenige eignen sich zum Fotografieren so gut wie der Hof einer ehemaligen Koranschule an der Yeniceriler Caddesi 36/28, unweit des Bahnhofs der Straßenbahnhaltestelle Großer Basar (S. 26, 29). In diesem Hof gibt es gleich mehrere Shisha-Lokale und es ist immer ziemlich voll. Der Wechsel des Lichtes zwischen Tag und Nacht sorgt für unterschiedliche Stimmungen und bietet gute Möglichkeiten für

Fotos. Mit einer rauscharmen Kamera kann man ohne Blitz und Stativ arbeiten und so zu stimmungsvollen Bildern kommen. Die rauchenden Männer sind eigentlich immer entspannt – auch wenn man sie fotografiert – und lassen einen geduldig gewähren. Achten Sie auf Raucher mit interessanter Physiognomie, denn die Qualität des Bildes hängt auch von der Wirkung der Protagonisten ab.

Wollen Sie die Istanbuler abends feiern sehen und davon Fotos machen? Dann gehen Sie am Wochenende zum Kum-
2 kapı-Meydanı, dem Kumkapı-Platz (S. 30). Bauchtanz und traditionelle Musik sorgen in den vielen Bars und Restaurants für Stimmung. Häufig lassen sich die Gäste vom Spiel der vielen Musikgruppen zum Tanzen animieren und Fotos gehören für sie dazu. Wenn Sie es also mit dem Fotografieren nicht übertreiben, dann lässt man Sie freundlich gewähren.

Fotografieren Sie am besten erst mit Beginn der Blauen Stunde, denn die Mischung aus blauem Abendlicht und gelben Lampenlicht schafft erst die richtige Atmosphäre. Auf ein Stativ sollten Sie wegen der Menschenmengen verzichten, denn leicht kann jemand über ein Stativbein stolpern. Die vielen Lampen der Restaurants sorgen zudem für eine ausreichende Grundhelligkeit. Bei Fotos im Abendlicht und mit viel Action ist ein wenig Rauschen im Bild bei weitem nicht so störend wie beispielsweise bei Landschaftsaufnahmen. Allerdings liegt in der gekonnten Umsetzung der Bewegungsunschärfe ein großer Reiz, denn so wird die Ausgelassenheit besonders deutlich. Hier kommt es auf den Sekundenbruchteil an – achten Sie auf die Körperhaltung und die Gesten sowie darauf, möglichst wenig Menschen von hinten aufs Bild zu bekommen, was immer sehr abweisend wirkt. Falls Ihre Kamera einen langsamen Autofokus hat, stellen Sie ihn ab und fokussieren Sie vorher manuell auf die gewünschte Distanz zum Geschehen. Machen Sie möglichst mehrere Fotos vom gleichen Motiv, denn der Ausschuss wird wegen der zum Teil gegenläufigen Bewegungen groß sein. Spielen Sie auch mit unterschiedlichen Blendeneinstellungen, um unterschiedlich große Tiefenschärfe zu erhalten. Dabei sollten Sie so nah wie möglich ans Geschehen herangehen, denn Tele-Fotos wirken schnell voyeuristisch. Um die Natürlichkeit der Feiernden nicht zu stören, sollten Sie je nach Situation erst nach dem Fotografieren den Blickkontakt mit den fotografierten Personen herstellen und sie so nachträglich um ihr Einverständnis bitten.

Auch tagsüber ist Kumkapı (S. 30, 50/51, 54/55, 58/59,
102/103) ein bilderreiches Fotorevier. Der Fischmarkt, der mor 3
gens am Ufer des Marmarameeres stattfindet, bietet viele authentische Motive: Verkäufer bieten lebhaft ihr reichhaltiges Angebot an, Köche suchen den frischesten Fisch und feilschen um den Preis. Bei solch momentbezogener Fotografie geht es vor allem darum, den »Magischen Moment« einzufangen, wenn zum Beispiel der Fisch kritisch betrachtet oder übergeben wird, oder der Geldschein den Besitzer wechselt. Regelmäßig bespritzen die Händler ihre Fische mit Wasser, um sie immer frisch zu halten. Vielleicht haben Sie Glück und ein Verkäufer lässt Sie über seine Schulter blicken und fotografieren. Auch am Ende des Markttreibens, wenn die Händler die übriggebliebenen Fische aus den Bassins holen, ergeben sich häufig spannende Momente. Wenn es Sie an den Verkaufsständen nicht so lange hält, können Sie in eines der vielen Fischrestaurants einkehren oder noch einen Spaziergang entlang der konstantinischen Stadtmauer machen. Dabei entstehen vielleicht noch ein paar Fotos von der unbekannten kleinen Schwester der Hagia Sophia, nämlich der Küçük-Aya-Sofya. In ihrem gemütlichen und schattigen Innenhof können Sie sich ein wenig ausruhen.

Direkt am Marmarameer, gegenüber der Straßenbahnhal-
3 testelle Kumkapı, befindet sich ein **Fischereihafen** und der große Fischmarkt (S. 54 / 55, 58 / 59). Der Fischmarkt ist mit einer Mauer vom Fußweg der vierspurigen Kennedy Caddesi abgetrennt. Autos gelangen über eine bewachte Zufahrtsstraße auf das Gelände. Meiden Sie diesen Zugang, hier werden Sie als Fußgänger mit Sicherheit abgewiesen. Am anderen Ende, gleich bei den am Meer gelegenen Fischrestaurants, befindet sich ein kleiner Eingang mit einem Drehgitter. Hier gehen die Angestellten ein und aus. Mit ihnen kommen Sie auf das Gelände.

Gegen fünf Uhr morgens kommen die Fischer vom nächtlichen Fang zurück. In der angrenzenden Fischauktionshalle wird der Fang präsentiert und verkauft. Bewegen Sie sich hier vorsichtig, der Boden ist feucht und voller Fischreste. Ab und zu werden Sie von einer kräftigen Männerhand angestupst und Ihnen wird stolz ein besonders großes Exemplar des Fangs entgegengehalten. Verstehen Sie das ruhig als Aufforderung zum Fotografieren und machen Sie ein Portrait des Fischers. Falls man Ihnen dann einen Zettel mit einer Mailadresse zusteckt, senden Sie dem Fischer später das Bild - nachfolgende Fotografengenerationen werden es Ihnen danken!

Neben modernen Fischtrawlern liegen kleine Küstenfischerboote dicht an dicht an der Mole. Selbst alte, kaum seetüchtige Fischerboote werden hier mit Liebe und den vorhandenen Mitteln repariert. Zum Teil leben die Fischer auf ihren Booten und vertreiben sich die Zeit mit Kartenspielen oder gehen ihren alltäglichen Arbeiten nach. Sie bewegen sich hier im Lebens- und Arbeitsumfeld dieser Menschen, seien Sie sich dessen bewusst und verhalten Sie sich entsprechend zurückhaltend. Tragen Sie ihre Kamera offen, damit die Fischer sehen, was Sie beabsichtigen. Suchen Sie mit den Augen den Kontakt zu ihnen und versuchen Sie so, das Einverständnis zum Fotografieren einzuholen. Sehr oft signalisiert ein kurzes Kopfnicken das Einverständnis. Eine abwehrende Handbewegung oder ein Kopfschütteln sollten Sie unbedingt akzeptieren. Versuchen Sie es dann einfach bei einem anderen Boot.

Man muss kein Muslim sein, um der Faszination der **Sultan** 4
Ahmet Camii zu erliegen. Die Istanbuler Hauptmoschee, auch Blaue Moschee genannt (S. 14 / 15, 31, 70 / 71, 109, 112 / 113), strahlt mit ihren Kuppeln eine Ausgewogenheit aus, die ihresgleichen sucht. Sie sollten also auf keinen Fall verpassen, diese besondere Harmonie auch ins Bild zu setzen. Am besten gelingt das mit dem Weitwinkelobjektiv, das den Blick vom Boden bis in den Ansatz der Kuppeln hinein erfasst. Auch die Sicht nach oben, direkt in die Kuppeln hinein, ist mehrere Bilder wert. Möglich ist dies aber nur außerhalb der Gebetszeiten. Den eigentlichen Gebetsraum dürfen nur Gläubige betreten. Es sind aber für gewöhnlich Ansprechpartner zu finden, die auch Ausnahmen zulassen. Dezentes Auftreten, Fotografieren ohne Blitz und zügiges Arbeiten sind dann aber notwendig. Schließlich gibt es zu fast jeder Zeit auch Betende in der Moschee. Bei Außenaufnahmen der Blauen Moschee sollten Sie unbedingt auch alle sechs Minarette – eine architektonische Besonderheit – ins Bild bekommen. Großartige Aufnahmen in der Dämmerung sind von den zum Marmarameer hin gelegenen Hotelterrassen möglich. Wer sich in diesen Häusern nicht gleich einmietet, kann dennoch im Hotelrestaurant einen Tisch bestellen und einen stimmungsvollen Abend mit atemberaubender Sicht auf die Blaue Moschee, die Stadt und das Wasser verbringen und natürlich auch fotografieren.

Hinter der Blauen Moschee, unweit des Arasta Bazars, kommen Sie auf die Straße Tavukhane Sokak. Hier finden sie eine
Reihe **bunter Holzhäuser** (S. 82, 83), so winzig, als seien sie für 5

Zwerge gebaut. In den Sommermonaten sollten Sie dort eher am Nachmittag fotografieren, andernfalls ist das Gegenlicht zu stark. Sie müssen etwas oberhalb des Hotels Djem stehen und hochfotografieren. Versuchen Sie in direkter Draufsicht so viele Häuser wie möglich ins Bild zu bekommen und beziehen Sie die alte gusseiserne Laterne mit ins Bild ein. Oft sitzen ein paar Teppichhändler mit Teegläsern direkt vor den Häusern und beleben die Szenerie. Wenn dann noch eine geeignete Person um die Ecke kommt und ihren langen Schatten auf die Straße wirft, ergibt das ein schönes Bild. Ein Weitwinkel ist hilfreich, und scheuen Sie sich nicht, den Pressholzzaun mit ins Bild zu nehmen.

6 Wer in der **Hagia Sophia** (S. 31, 110 / 111, 112 / 113) seinen Apparat zückt, fotografiert Weltgeschichte. Sie ist das berühmteste Gotteshaus des frühen Christentums. Hier wurden seit Mitte des siebten Jahrhunderts nahezu alle byzantinischen Herrscher gekrönt. Vom Ende des 15. Jahrhunderts an war sie Moschee, ab 1934 Museum und heute ist sie zudem Weltkulturerbe. Kein Wunder also, dass dieses Gebäude schon unendlich oft abgebildet wurde. Es lohnt sich deshalb, seine ganz eigene Perspektive zu suchen. Da die Hagia Sophia, die Heilige Weisheit, so die Übersetzung, seit Jahren saniert wird, wechseln die guten Fotostandorte. Versuchen Sie, die hässlichen großen Baugerüste aus Ihren Bildern auszublenden. Sie stören den Eindruck von Historie und ästhetischer Perfektion. Sicher ist jedoch, dass sich vom Balkon aus eine Übersicht über das Treiben am Boden, ein Blick in die imposante Kuppel und auch auf die großen runden Schilde mit Kalligrafien arabischer Schriftzeichen vereinen lassen. Wer diese Sicht wählt, bekommt zugleich christliche Mosaike und die wechselvolle Geschichte des Gebäudes ins Bild. Da die Hagia Sophia heute ein Museum ist, gibt es für das Fotografieren keinerlei Einschränkungen. Lediglich Stative, auch kleine, darf man nicht mit hineinnehmen, man kann sie am Eingang abgeben. Besitzt man eine einigermaßen moderne Kamera, dann reicht das Licht drinnen aber auch für Aufnahmen aus der Hand. Stimmungsvolle Außenaufnahmen ergeben sich in der Blauen Stunde, mit dem gegenüberliegenden Brunnen des Sultan-Ahmet-Parks im Vordergrund, und – aus weiterer Distanz – durch den Torrahmen des Geländes der Blauen Moschee. Versuchen Sie nicht immer, die Hagia Sofia als ganzes Gebäude ins Bild zu setzen. Mit einer längeren Brennweite und über den abends beleuchteten Brunnen hinweg entwickelt das Gebäude gerade mit radikalen Anschnitten erst seine architektonische Wucht.

An Wochenenden bilden sich häufig lange Schlangen vor den Kassen. Wer relativ früh kommt, muss kaum warten und nicht mit den Touristenmassen kämpfen. Mit Presseausweis hat man freien Eintritt.

Die fast 1500 Jahre alte römische **Zisterne Cisterna Basilica** 7
(S. 100 / 101) ist eines der beeindruckendsten Bauwerke der Stadt. 336 Säulen tragen die 138 Meter lange und 65 Meter breite Zisterne. Scheinwerfer tauchen die Säulen und Gewölbe in ein fast magisches Licht. Dennoch ist es selbst mit lichtstarken Objektiven und einer rauscharmen Kamera unmöglich, ohne Stativ oder eine andere Stütze scharfe Bilder zu machen. Denn wegen der gebotenen Tiefenschärfe kommt man auf relativ lange Belichtungszeiten. Stative aber sind nicht erlaubt, denn in der Dunkelheit der Zisterne kann leicht jemand über ein Stativbein stolpern. Helfen Sie sich mit einem kleinen Tischstativ, dass man immer in der Fototasche dabei haben sollte, und pressen Sie die Kamera damit an eine dem Geländer nahestehende Säule oder direkt an eine Säule. Hier brauchen sie ein Weitwinkel mit mindestens 24 mm Brennweite, um die Architektur der Zisterne zu erfassen. Der Rundgang ist mit Holzgeländern umbaut, auch hier lässt sich

die Kamera abstützen. An den Medusenköpfen, die zwei Säulen als Basis dienen, ergeben sich im Touristenstrom und durch die Blitzlichter der anderen Touristen oft mystische Effekte.

8 Berühmt wurde der Bahnhof Istanbul Sirkeci (S. 22) vor allem als Endstation des legendären Orientexpress. Der Bahnhof ist ein sehr gut erhaltener Jugendstilbau mit bunten Glasfenstern. Interessant ist der Speisesaal mit einem Portrait von Agatha Christie und dem Gemälde einer der Dampflokomotiven des Orient Express. Normalerweise ist der Speisesaal ungenutzt. Bevor Sie mit dem Fotografieren beginnen, setzen Sie sich zuerst in das Restaurant, trinken Sie etwas und lassen Sie das Gebäude auf sich wirken.

Anschließend werden auch die Kellner freundlicher sein, wenn Sie sie darum bitten, den zumeist gesperrten Speiseraum fotografieren zu dürfen. In einem der Säle tanzen zweimal in der Woche die Derwische (S. 10 / 11), ein ebenfalls sehr schönes Motiv.

Von den zwei Orten, an denen Sie diese exotisch und fremd
8 wirkende Zeremonie erleben können, bietet die Sirkeci Railway Station (S. 10 / 11) das schönere Ambiente. In der Hauptsaison findet die Veranstaltung zweimal wöchentlich statt. Reservieren Sie rechtzeitig – dann können Sie noch Platzwünsche äußern und die Veranstalter reservieren Ihnen einen Sitz mit einem kleinen Namenszettel. Von einem der Sitze am Anfang oder Ende des Hufeisens, den die Stuhlreihen bilden, können Sie am besten arbeiten und während der Veranstaltung unbemerkt aufstehen, um diskret herumzulaufen. Lassen Sie die anderen Besucher während der ersten Zeremonie ruhig ihr Blitzlichtgewitter entfachen, es folgen noch drei bis vier weitere Zeremonien, die Ihnen genug Zeit zum Fotografieren geben. Die Bewegung der tanzenden Derwische verlangt etwas kürzere Belichtungszeiten. Stellen Sie deshalb einen höhere ISO-Zahl ein. Spielen Sie mit der Blende und machen Sie ruhig mal mit 1 / 60 Sekunde oder 1 / 30 Sekunde ein paar Bilder aus der Hand, denn die drehenden Röcke erzeugen eine sehr schöne Bewegungsunschärfe.

Eine weitere Möglichkeit, den Tanz der Derwische zu fotografieren, bietet Ihnen das Hodjapasha-Kulturzentrum, das sich in einem restaurierten, 550 Jahre alten osmanisch-türkischen Bad in der Nähe des Galataturms befindet.

Die Galatabrücke (S. 18 / 19, 56, 60 / 61, 62 / 63, 64 / 65, 66 / 67, 9 10
68 / 69, 92 / 93) ist eine der zentralen Verkehrsadern Istanbuls und einem permanenten Belagerungszustand unterworfen: von Reisebussen, Hunderten von Anglern, den Touristenmassen, dem Autoverkehr und den unzähligen Händlern, die an den Auffahrten der Brücke ihre Geschäfte machen. Auch die Straßenbahnlinien überqueren hier das Goldene Horn und im unteren Stockwerk der Brücke reiht sich ein Restaurant an das nächste. Fotomotive gibt es im Überfluss. Für viele kann man hier gut ein langbrennweitiges Objektiv einsetzen, so zum Beispiel bei den Anglern oder den Verkäufern auf dem kleinen Fischmarkt auf der Galata-Seite der Brücke. Es lohnt sich auf jeden Fall, die Brücke am Abend zu besuchen. Zur Blauen Stunde zeigen sich die beleuchteten Moscheen von ihrer schönsten Seite. Die gelb angestrahlten Moscheen kontrastieren mit dem tiefen Blau des Himmels, die ersten Lichter der Stadt und die bunten Grillfischboote zu Füßen der Brücke beleben die Szenerie.

Vom nördlichen Ufer der Brücke sollte man einen Blick auf die Silhouette der Stadt werfen: Hier zeigt sich Istanbul von seiner Postkartenseite.

Auf der Galata-Seite der Galatabrücke liegt das Viertel der
Schiffsausrüster (S. 38 / 39). Vom Anker bis zur Jakobsleiter, von 11
der Ankerkette bis zu Fendern kann man hier alles rund ums

Schiff kaufen. Die etwas morbiden Werkstätten haben den Charme längst vergangener Zeiten und wirken fast wie Filmkulissen. Abseits der Touristenströme, obwohl nur hundert Meter von der quirligen Brücke entfernt, sind die Arbeiter meist unter sich und der Fremde mit der Kamera wird in der Regel sehr freundlich behandelt. Aber wie überall gilt auch hier: Keine Hektik, kein übertriebenes Herumgeballere mit dem High-Speed-Motor. Stattdessen Interesse zeigen, einen Tee oder eine Zigarette ausgeben und mit einem freundlichen Small Talk beginnen, auch wenn es nur mit Händen und Füßen geht.

An jedem Freitag gegen Mittag ruft der Imam zum Gebet, an dem zahlreiche Gläubige teilnehmen. Gerade die kleineren Mo-
12 scheen können zum **Freitagsgebet** (S. 94 / 95) nicht alle Teilnehmer fassen, und so beten viele Muslime auf der angrenzenden Straße unter freiem Himmel. Das kann zu einem sehr guten Bild führen, wenn man dezent im Hintergrund bleibt, keine Hektik verbreitet und die Kamera nicht mit einer Schnellfeuerwaffe verwechselt, dann nimmt unter den Gläubigen in der Regel niemand am Fotografieren Anstoß. Die Ahmet Çelebi Camii im Viertel Eminönü ist eine kleine Moschee, vor der die Gläubigen häufig auf der Straße ihr Freitagsgebet abhalten.

13 Die **Camondo-Treppe** im Stadtteil Beyoğlu ist wahrscheinlich eines der meist gesuchten Motive für fotointeressierte Istanbul-Besucher. Sie liegt unterhalb des Galataturms und man erreicht sie, in dem man etwas links von der Talstation der Tunnelbahn die Bereketzade Medresesi Sokak Richtung Galataturm hochwandert. Nach wenigen Metern ist man dort. Von hier hat der Gründer der Fotoagentur MAGNUM, Henri Cartier-Bresson, 1964 eines seiner berühmten Fotos gemacht. Zur damaligen Zeit waren darauf kaum Bäume oder Büsche zu sehen, so dass die kurvige Steintreppe auf seinem Bild voll zur Geltung kam. Heute ist die Treppe etwas mehr eingewachsen, aber noch immer ein sehr schönes Motiv. Am besten fotografiert man sie in der Dämmerung mit einer längeren Belichtungszeit und wartet, bis ein Fußgänger hinunterkommt. So ruht das Augenmerk auf den geschwungenen Formen der Treppe und die Person ist in der Bewegungsunschärfe.

Der 63 Meter hohe **Galataturm** (S. 26 / 27) im Viertel Galata 14
des Stadtteils Beyoğlu ist eines der Wahrzeichen Istanbuls. Von hier aus hat man eine schöne Aussicht auf die Stadt. Am einfachsten fotografiert man ihn mit längerer Brennweite aus größerer Distanz. Am eindrucksvollsten aber wirkt er mit dem Weitwinkel fotografiert. Freie Sicht aus der Nähe hat man aber fast nirgends. Am besten wird das Foto unserer Meinung nach bei Anbruch der Nacht mit dem Stativ aus der Buyuk Hendek Caddesi, mit einem leichten Weitwinkel und in Gänze die Häuserschlucht ausfüllend.

In den Reigen der prachtvollen, wenn auch kleineren Mo-
scheen gehört die **Kilic-Ali-Pasha-Moschee** in Beyoğlu. Ihre Farb- 15
gebung ist eher von der harmonisch-lieblichen Sorte, es herrschen Pastelltöne vor. Die Weite des Gebetsraumes, die Höhe der Kuppel und die Stille im Inneren lassen sich am besten vom Podest neben dem Eingang erfassen. Verwenden Sie ein Weitwinkel-Objektiv, um die Kuppel in ihrer Gesamtheit und ihrer vollkommenen Kreisform wiederzugeben. Achten Sie auf die Lampen in den Lichterkränzen: Diese sollten leuchten, wenn vielleicht auch nicht alle. Bitten Sie den freundlichen Moschee-Bediensteten darum, die Lampen Ihrer Wahl einzuschalten, und bedanken Sie sich danach mit einem kleinen Trinkgeld. Beachten Sie außerdem beim Belichten den Kontrastumfang: Die Fenster sollten nach Möglichkeit nicht gleißend hell werden.

Außerhalb der Moschee befinden sich interessante Fußwaschbrunnen aus alter Zeit, die intensiv genutzt werden. Besonders, wenn dort mehrere Gläubige ihre Reinigung vollführen, entstehen interessante Szenen. Hierbei können Sie sich so viel Zeit wie nötig nehmen, da Sie in der Moschee meistens fast alleine sein werden. Denn dieses kleine Juwel befindet sich abseits der Besuchermassen, obwohl es so nahe an der Tünel-Bahn und der İstiklâl Caddesi gelegen ist.

16 Die İstiklâl Caddesi (S. 20 / 21, 28 / 29) ist die große Fußgängerzone im Stadtteil Beyoğlu. Am besten erreicht man sie mit der Tunnelbahn (Tünel), die an der Nordseite der Galatabrücke abfährt. Sie ist nach London Underground die zweitälteste U-Bahn der Welt. Nach wenigen Minuten Fahrt endet die Bahn etwas nördlich vom Galataturm. Die Fußgängerzone ist ein guter Ort, um die kulturellen Kontraste in Istanbul einzufangen. Junge Frauen tragen hier das Kopftuch eher als modisches Accessoire denn als Haarbedeckung, um Männerblicke fernzuhalten. Um das Getümmel einzufangen, kann der Fotograf sich einfach mitten auf der Straße platzieren und diskret abwarten, bis das richtige Motiv auf ihn zukommt. Schöne Szenen, wo jung auf alt und modern auf traditionell treffen, lassen sich hier mit etwas Geduld einfangen. Besonders in den Abendstunden ist die Straße sehr belebt. Alle hundert Meter stehen Straßenmusiker und spielen auf zahlreichen verschiedenen Instrumenten und in unterschiedlichen Musikstilen. Von der Haltestelle der Tunnelbahn bis hin zum Taksim verkehrt etwa alle 20 Minuten eine alte rote Straßenbahn mit nur einem einzigen Waggon. Sie ist über die Jahrzehnte hinweg eines der Symbole für Istanbul geworden und kein Fotograf kehrt ohne ihr Bild aus der Stadt zurück. Man kann sie auf ganz verschiedene Weise fotografieren. Gegen Ende der İstiklâl Caddesi führt eine kleine Treppe hinauf ins französische Kulturinstitut. Fotografiert man von hier aus mit einer längeren Brennweite in die Einkaufsstraße mit der nahenden Bahn hinein, dann bekommt man das Gewusel der besonders am Samstag menschenüberströmten Straße gut ins Bild – die rote Bahn mittendrin. Man kann sich fotografisch aber auch auf die Passagiere konzentrieren. Die stehen oft mit vollgepackten Einkaufstüten in den offenen Türen, und Kinder machen sich einen Spaß daraus, ganz hinten auf die Bahn zu steigen, um als blinde Passagiere mitzufahren. Oder man zieht mit etwas längerer Belichtungszeit mit und löst die Straßenbahn so von dem verwischten Hintergrund.

Traumhaft schön ist das älteste Café Istanbuls, das Café 17
Markiz in der İstiklâl Caddesi (S. 23), das sich auf der linken Seite befindet, wenn sie von der Tünel-Bahn-Station kommen. Das Jugendstil-Café verbirgt sich hinter Fensterscheiben, deren Fastfood-Werbung das Aufspüren nicht einfach macht. Trinken und essen Sie eine Kleinigkeit, dann hat niemand etwas gegen ein Foto einzuwenden.

Die unserer Meinung nach schönste Übersicht von Istanbul haben Sie von der Terrassenbar des Marmara Pera Hotels 18
(S. 16 / 17, 70). Die Bar ist auch für Gäste geöffnet, die nicht im Hotel wohnen. Sie fahren ins oberste Stockwerk und müssen dann durch das Restaurant über eine Treppe auf die Dachterrasse gehen. Übertreiben Sie es nicht mit dem Fotogepäck, damit sich die übrigen Gäste nicht belästigt fühlen. Ein Telezoom ist die perfekte Brennweite. Die schönste Perspektive ist die Sicht über Galaturm und Galatabrücke bis hin zum Marmarameer. Auch die Hagia Sophia und die Blaue Moschee bekommen Sie mit aufs Foto. Machen Sie Ihre ersten Bilder mit dem Restlicht der Abendsonne. Dafür müssen Sie rechtzeitig erscheinen, auch um den perfekten Standort zu ergattern, denn mit dem Sonnenuntergang wird es in der Bar recht voll.

Vorher bestellen Sie sich etwas und erkunden in Ruhe die Aussicht. In der Blauen Stunde setzen Sie Ihre Arbeit fort. Jetzt funkelt Istanbul wie ein Diadem. Um sicher zu gehen, dass die Bilder auch scharf werden, sollten Sie ein Stativ mitnehmen. Stellen Sie es direkt auf den Stehtisch der Terrasse, ohne Auszug der Stativbeine. So stören Sie kaum.

Auf der anderen Seite der Dachterrasse befindet sich ein kleiner Pool. Von hier aus können Sie das Kreuzfahrtterminal ins Bild bekommen oder auch die moderne Skyline Istanbuls mit den vielen Wolkenkratzern.

19 Der alte Istanbuler **Stadtteil Tarlabaşı** (S. 84/85, 86/87) liegt westlich vom Taksim-Platz. Das dunkle, einst gefährliche Viertel birgt zahlreiche Geschichten. Weite Teile dieser Gegend werden aber derzeit abgerissen und es entstehen luxuriöse Neubauten. Viele Bewohner, insbesondere die Kurden, würden gerne hier wohnen bleiben.

Das Leben findet auf der Straße statt und man stößt auf unzählige Motive. Mit der notwendigen Zurückhaltung und Neugier kommt man in Kontakt mit den Menschen, und nach einigen Gesten und ein paar Brocken Unterhaltung wird auch die Kamera toleriert. Es ist ein Eldorado für Straßenfotografie. Aber auch hier muss man Gespür dafür haben, wann es besser ist, auf ein Bild zu verzichten oder am nächsten Tag noch einmal vorbeizuschauen. Vielleicht verläuft die nächste Begegnung, wenn man Sie wiedererkennt, schon viel freundlicher.

Die städtebauliche Entwicklung der letzten Jahre hat in Istanbul eine Fülle moderner Bauten hervorgebracht. Sie sind über alle Stadtteile verteilt, sowohl im europäischen als auch im asiatischen Teil.

Das Zentrum moderner Architektur im europäischen Istan-
20 bul liegt im **Stadtteil Levent** (S. 76/77, 78/79). Spannende neue, zum Teil öffentliche Gebäude sind die Hochhäuser an der Metrostation Levent, die Shopping-Center Kanyon (2006) und Metrocity (2003) sowie die von dort sichtbaren Trump Tower (2012) im angrenzenden Stadtteil Mecidiyeköy/Şişli. Das Kanyon verfügt im Innenhof über wunderbare Sichtachsen und das Metrocity, das mit dem U-Bahnhof Levent verbunden ist, wird von einer lichtdurchlässigen textilen Membran-Konstruktion überspannt.

Sie erreichen den pulsierenden Stadtteil mit der U-Bahn. Steigen Sie am Taksim-Platz ein und fahren Sie bis zur Station Levent oder weiter bis zur Station Levent 4. Wenn Sie aus der U-Bahn-Station herauskommen, tauchen Sie ein in eine andere Welt, in das moderne Istanbul.

Gute Ausblicke auf die Gebäude sowie die ganze Stadt hat
man zum Beispiel vom **Wyndham Grand Hotel** (S. 76/77, 78/79), 20
einem nagelneuen Hotel mit moderner und üppiger Innenarchitektur, welches in direkter Nachbarschaft zum Kanyon liegt. Am besten fragen Sie an der Rezeption, ob Sie aus einem der hohen Stockwerke fotografieren können. Dort reagieren die Menschen offen und freundlich, so dass der Fahrstuhlfahrt in ein hohes Stockwerk nichts im Wege steht. Stellen Sie sich aber darauf ein, dass Sie dabei begleitet werden. Besonders lohnenswert sind die Architekturaufnahmen in Levent am frühen Morgen oder abends zur Blauen Stunde. In der Zwischenzeit ist das Licht für diese Zwecke nur bedingt geeignet. Da Sie sich wahrscheinlich bei Ihrem Besuch in Levent dort den ganzen Tag aufhalten, können Sie die Zwischenzeit in den Innenhöfen der Einkaufszentren für spannende Fotomotive nutzen. Benutzen Sie eine weitwinkelige Brennweite und eine offene Blende, sofern die Lichtverhältnisse es zulassen, dann gelingen Ihnen auch ohne Stativ spannende und gute Architekturaufnahmen.

Istanbul hat nicht nur Moscheen und orientalische Basare, es gibt auch moderne Einkaufszentren wie in jeder europäischen Großstadt. Wer das hypermoderne Istanbul erleben und foto-

20 grafieren möchte, sollte das Kanyon Shopping Center (S. 79) besuchen. Vom Taksim Platz aus mit der Metro M2 sind es nur vier Stationen bis zur Station Levent, von dort wird man direkt in das Einkaufszentrum geführt.

Der Komplex öffnet sich nach innen und bildet einen riesigen begrünten Innenbereich mit Springbrunnen, Restaurants und Ladenzeilen. Auf verschiedenen Ebenen kann man an den einzelnen Geschäften entlang flanieren oder sich in einem der vielen Restaurants erholen. Gerade am Freitag ist für viele Istanbuler das Kanyon ein Treffpunkt. Die geschwungene Architektur erlaubt immer wieder neue Perspektiven auf die Ladenzeilen und den Hof. Und die abendliche Beleuchtung lässt die Szenerie geradezu futuristisch wirken. Wenn man also gegen 17 Uhr im Zentrum ankommt und ein wenig Zeit mitbringt, erlebt man die Tagesbeleuchtung sowie die fotografisch ergiebige Blaue Stunde.

In dem ehemaligen Lagerhaus Nr. 4 mit 8000 Quadratmetern Ausstellungsfläche, direkt am Pier von Karaköy gelegen, befindet sich das private Museum für türkische Gegenwartskunst
21 Istanbul Modern (S. 72 / 73, 74 / 75). Neben der ständigen Sammlung, die auf der oberen Ebene präsentiert wird, ist das Museum auch für seine guten wechselnden Fotoausstellungen bekannt. Das Fotografieren ist erlaubt und in den hellen Räumen ohne Probleme möglich. Interessante Motive aus Kunstmuseen und Galerien ergeben sich selten mit sogenannter »Flachware«, also Bildern. Das ist in der Regel langweilig. Spannendere Fotos lassen sich hingegen machen, wenn Besucher sich dreidimensionale Objekte anschauen, von denen es im Museum einige gibt.

Das Museumscafé hat eine der schönsten Terrassen der Stadt, von der man auf die Silhouette der Altstadt, den Topkapı Palast und den Bosporus schaut, sofern nicht gerade ein Kreuzfahrtschiff direkt daneben am Pier liegt. Das wiederum kann aber auch zu einem eindrucksvollen Foto führen, denn die gewaltigen Passagierschiffe wirken, als hätten sie direkt im Museumsrestaurant angelegt.

Die Süleymaniye-Moschee (S. 6 / 7, 106 / 107, 108 / 109) gehört 22
zu den Highlights Istanbuls. Auf einer Anhöhe mit Ausblick auf die Galatabrücke gelegen, wurde sie seinerzeit in nur sieben Jahren Bauzeit errichtet. In ihrem Inneren steht man zwischen Säulen aus Rosengranit und schaut nach oben in einen Triumphbogen. Das hoch aufstrebende Himmelsgewölbe der Kuppel in Gold, Grün und Rosa bildet dabei einen krönenden Abschluss. In der Dämmerung sind die goldgelb beleuchteten und zum dunkelblauen Himmel kontrastierenden Minarette ein stimmungsvolles Motiv. Achten Sie beim Fotografieren in der Blauen Stunde darauf, dass Sie den Weißabgleich nicht über die Automatik bestimmen lassen. Dies würde die besondere Lichtstimmung zerstören. Besser ist es, Sie machen einige Probeaufnahmen mit manuellem Weißabgleich, zum Beispiel mit der Einstellung »bewölkt«, »Schatten« oder noch individueller mit einer vorgewählten Farbtemperatur »Kelvin«. Auch sollten Sie die Belichtungsautomatik um ein bis zwei Stufen nach unten korrigieren oder die Belichtungszeit-Blenden-Kombination bei vorgegebener ISO-Empfindlichkeit direkt manuell vorwählen und auf dem Monitor überprüfen. Hierbei ist ein Stativ sinnvoll – auch wegen der sorgfältigeren Bildgestaltung. Als weiteres Utensil ist oft eine kleine Taschenlampe (LED-Schlüsselanhänger reicht vollkommen aus) für das Ablesen der Bedienelemente hilfreich.

Vom Garten der Süleymaniye-Moschee hat man einen schönen Blick über den Bosporus auf die asiatische Seite. Dafür bietet sich eine längere Brennweite an, mit der man die Kuppeln der Sozialbauten, Minarette und den Schiffsverkehr wunderbar zusammenziehen und verdichten kann. Lohnenswert ist auch der Friedhof der Moschee mit dem Mausoleum des Sultans Süleyman. Mit dem Weitwinkel kann man die Grabsteine des Friedhofs und die Gläubigen im umlaufenden Gang des Mausoleums in ein Bild bekommen.

23 **Das Viertel Balat** (S. 33, 34/35, 37, 80/81) im Stadtteil Fatih ist wie auch Tarlabaşı von der Gentrifizierung betroffen. Hier hat sich das gewinnorientierte Umkrempeln eines Stadtviertels aber scheinbar nicht auf so brutale Weise vollzogen wie im Viertel auf der anderen Seite des Goldenen Horns. Dementsprechend reagieren die Menschen in Balat auf Fotografen deutlich entspannter. Das quirlige Viertel, in das sich immer noch nur wenige Touristen verlaufen, mit seiner Mischung aus jungen Bars, Restaurants, Läden und den alten Bewohnern, bietet zahlreiche Motive und eine entspannte Atmosphäre. Knallig angestrichene Häuser und die gigantischen Wandmalereien des französischen Streetart-Künstlers JR bilden die Bühne für einen bunten Einwohnermix aus Türken, Kurden und Roma.

24 Sonntags lohnt sich ein Besuch der **Eyüp-Sultan-Moschee** (S. 90/91, 92, 107), die sich im gleichnamigen Stadtteil Eyüp am hinteren Teil des Goldenen Horns befindet. Man erreicht sie per Bus oder mit den regelmäßig verkehrenden Fährschiffen der Linie Haliç Hattı von Eminönü aus. Zum Fähranleger geht es vom Südende der Galatabrücke, vorbei an den schwimmenden, osmanisch dekorierten Fischbratereien am Ufer des Goldenen Horns bis zum Gebäude der Istanbul Ticaret Universitesi. Versteckt hinter einem größeren Busparkplatz befindet sich das kleine unscheinbare Fährhaus.

Gegenüber des Fähranlegers in Eyüp führt die Hauptgeschäftsstraße Iskele Caddesi zur Eyüp-Sultan-Moschee. Hier kann man Jungen, wie kleine Prinzen gekleidet, in weißen Satinanzügen mit turbanähnlichen Mützen fotografieren, die mit ihrer Familie kurz vor ihrer Beschneidung (Sünnet) diesem heiligen Ort einen Besuch abstatten. Außerhalb des eigentlichen Moscheeraums ist das Fotografieren erlaubt. Die Familien sind sehr stolz auf ihre Kinder und lassen das Fotografieren meist gerne zu. Auch Brautpaare sind anzutreffen, denn ein Besuch der Moschee vor der Trauung bringt Glück.

Hinter der Moschee läuft man auf einem schmalen Weg über einen alten **Friedhof** (S. 107) mit verwitterten Grabsteinen den 25
Hügel hinauf. Auf dem Hügel oberhalb des Friedhofs liegt die **Pierre-Loti-Anhöhe** (S. 88/89) mit mehreren Terrassen und dem gleichnamigen Café unter Bäumen mit weitem Ausblick über das Goldene Horn. Von dort kann man mit einer Seilbahn wieder hinunterfahren.

Eine in die Erde hineingebaute Moschee, das ist schon ein besonderes Motiv. »Der Koran enthält keine Definition einer Moschee. Nichts ist vorgeschrieben, außer, dass es reinlich zu sein hat. Im Islam wird mehr Wert auf das Wesen eines Raumes gelegt, als auf die Form«, so der Architekt Emre Arolat. In seiner 2012 entstandenen **Sancaklar-Moschee** (S. 98/99) gehen Natur 26
und Gebetsraum ineinander über. Die Sancaklar-Stiftung wollte einen Bau, der entrückt, authentisch und markant ist. Wer den weiten Weg vom Zentrum Istanbuls auf sich nimmt, wird mit besonderen Motiven der Architekturfotografie belohnt. Die Sancaklar-Moschee wurde auf dem »World Architecture Festival« zur besten »Architektur religiöser Bauten 2013« gewählt.

Der Innenraum mit der großen Meditationsfläche wirkt am späten Nachmittag am eindrucksvollsten. Hier zeichnet die einfallende Sonne an der Stirnseite des Gebetsraumes ein Spiel aus Licht und Schatten.

Die Atmosphäre in dieser höhlenartigen Moschee ist offen, man kann sich frei bewegen und fotografieren, auch zu den Gebetszeiten. Mit dem Kontrast aus Beton, schwarzem Spiegelglas und wechselndem Licht entstehen faszinierende Bilder. Ein 24mm-Objektiv eignet sich für diese Aufnahmen besonders gut. Anfahrt mit dem Metrobus bis zur Endstation Büyükçekmece, dann mit dem Taxi weiter. Die Moschee liegt sehr abseits und es ist schwer, dort ein Taxi für die Rückfahrt zu bekommen.

27 Die Prinzeninseln (S. 104/105), auf Türkisch Prens Adaları, meist nur Adalar, sind eine kleine Inselgruppe, etwa zehn bis 23 Kilometer südöstlich des Bosporus im Marmarameer gelegen und zugleich ein asiatischer Stadtteil von Istanbul. Von den neun Prinzeninseln sind nur fünf bewohnt und alle autofrei. Nur Polizei-, Feuerwehr- und Krankenwagen dürfen hier fahren. Für alle anderen stehen Pferdewagen und Fahrräder zur Verfügung. Mit den normalen Fähren dauert die Überfahrt etwa eineinhalb Stunden.

Wenn Sie auf der Prinzeninsel Büyükada angekommen sind, vergessen Sie nicht, sich nach der letzten Rückfahrt zu erkundigen. Sonst müssen Sie dort übernachten. Der Kutschenbahnhof ist ganz leicht zu finden: Folgen Sie einfach dem Strom der Menschen vom Anleger nach links. Es geht zur Fayton Station, dem Kutschenparkplatz. Seien Sie höflich und etwas zurückhaltend – und vor allem passen Sie auf Ihre Umgebung auf. In allen Richtungen sind Kutschen unterwegs und die Lenker sind manchmal recht ungehalten, wenn Sie ihnen mit der Kamera in die Quere kommen. Nach einem bestimmten System werden die Kutschen zur »Einstiegsstation« dirigiert, und hier herrscht Chaos.

Auch raten wir Ihnen zu etwas robusterem Schuhwerk – denn manchmal entgleiten Pferdeäpfel aus den Auffangtüchern der Kutsche. Es riecht aufdringlich nach Pferd und allem, was dazugehört. Etwa 265 Kutschen sind tagtäglich im Einsatz. Der Preis von 30 Euro per Kutschfahrt ist nicht gerade wenig, aber die Kutscher sehen Sie nach einer Fahrt nicht mehr nur als Fotografen, der überall im Wege steht und einem permanent mit der Kamera vor der Nase herumfuchtelt, sondern auch als Kunden. Bietet man dann noch eine Zigarette an oder gibt einen Tee aus, läuft vieles einfacher. Der Kutschenbahnhof bietet mit seinen zahlreichen Droschken und dem chaotischen Durcheinander, der Arbeit der Schmiede und den Droschken in der Pinienwald-Landschaft interessante Motive.

Istanbul hat mehr als 3000 Moscheen! Natürlich muss man die berühmten Moscheen gesehen haben: die Blaue Moschee, die Süleymaniye Moschee, die Hagia Sophia (heute ein Museum), die Neue Moschee an der Galatabrücke. Daneben gibt es einige Highlights, die wegen ihrer modernen Architektur oder ihrer besonderen Atmosphäre einen Besuch lohnen, wie zum Beispiel die Şakirin-Moschee oder die Yeşil-Vadi-Moschee.

Die Moschee Şakirin Camii (S. 96), die im Jahr 2009 auf dem 700 Jahre alten Karacaahmet Friedhof im asiatischen Üsküdar erbaut wurde, gilt vielen als die modernste Moschee der Türkei. Sie ist von der Anlage her eher ein klassischer osmanischer Kuppelbau und wurde von dem Architekten Hüsrev Talya entworfen. Ihre großartige Ausstrahlung, die sie auch zu einem schönen Fotomotiv macht, ist aber der Innenarchitektin Zeynep Fadıllıoğlu zu verdanken. Sie hat die klassischen Elemente einer Moschee zwar beibehalten, sie aber völlig neu interpretiert und bricht durch die Gestaltung mit vielen Tabus: ein Beispiel für das »moderne Istanbul«. 28

Das Besondere an dieser Moschee ist, dass der schönste Platz, die von Licht erfüllte Empore im Hauptraum, dort – anders als sonst – den Frauen vorbehalten ist. Die Şakirin Camii gilt insofern als erste wahrhaft feminine Moschee. Sie ist gut besucht und birgt für Fotografen mit der zugänglichen Empore eine Fülle von Perspektiven. Der Zugang zur Moschee ist unkompliziert und der Aufenthalt dort sehr angenehm. Für Fotografen ist diese Moschee ein besonderes Erlebnis. Der helle Innenraum bietet eine Fülle überraschender Details: die Gebetsnische (Mirab), die Kanzel (Minbar), der Kronleuchter, die Empore, die Deckenmalerei. Um den gesamten Raum zu erfassen, sollte man allerdings ein starkes Weitwinkelobjektiv dabei haben. Eine besondere Atmosphäre herrscht natürlich zu den Gebetszeiten, die man nicht versäumen sollte. Der Innenhof mit seiner spiegelnden Metallkugel im zentralen Brunnen, seinem überdachten Umlauf mit den vielen Kuppeln, die beiden Minarette und das verzierte Eingangsportal bieten interessante Motive. In der Şakirin Camii sind Sie als Fotograf mit Gegenlichtsituationen konfrontiert. Mit einer entsprechenden Belichtungskorrektur lässt sich das jedoch sehr gut bewältigen und führt zu eindrucksvollen Innenarchitekturaufnahmen mit interessantem Licht. Blitzen führt nicht zum gewünschten Erfolg und würde die schönen Lichtsituationen zerstören. Zudem wäre damit eine nicht vertretbare Störung der Betenden verbunden.

Allerdings ist es schwierig, die Moschee in Ihrer Gesamtheit zu fotografieren. Die Straße vor der Moschee liegt sehr tief und bietet so eine ungeeignete Perspektive, der Blick vom dahinter liegenden Friedhof wird durch hässliche Anbauten, Lüftungsgitter und parkende Autos verunstaltet: Einen Versuch ist es dennoch wert …

Nicht nur das europäische Istanbul, auch der asiatische Teil der Stadt wartet mit moderner Architektur auf. Nennenswert
29 ist hier das imposante **Buyaka-Einkaufszentrum**. Es liegt im asiatischen Stadtteil Ümraniye. Ein Besuch dort erfordert einen längeren Anfahrtsweg, wenn man aus dem europäischen Teil Istanbuls kommt. Kombiniert mit dem Besuch der gegenüberliegenden Moscheen Yeşil Vadi Camii und der Şakirin Camii auf dem Rückweg, kann daraus ein spannender Tag mit moderner Architekturfotografie werden. Für die Anfahrt zur Yeşil Vadi Camii und zum Buyaka würden wir das Taxi empfehlen. Taxifahren ist in Istanbul preiswert und kann Zeit sparen, wenn man nicht zur klassischen Rushhour unterwegs ist. Da es im asiatischen Teil keine U-Bahn gibt und Sie auf Busse angewiesen sind, ist das Taxi dort das Verkehrsmittel der ersten Wahl. Aus dem europäischen Teil kommend, fahren Sie mit der Fähre nach Kadıköy; von dort benötigen Sie ungefähr 45 Minuten.

Die Mittagszeit bis zum frühen Nachmittag kann im Buyaka Einkaufszentrum verbracht werden: ein riesiges Raumwunder mit klarer architektonischer Formensprache, das 2013 errichtet wurde. Der Aufenthalt ist wie im europäischen Kanyon unkompliziert und lädt zu einer Fülle interessanter Architekturfotos ein. Mit den Rolltreppen lassen sich die unterschiedlichsten Perspektiven einnehmen.

Bevor Sie die stark befahrene Buslinie nach Kadıköy nehmen, von wo aus Sie die Fähre zurück ins europäische Eminönü
bringt, sollten Sie sich noch die **Yeşil Vadi Camii** (S. 97) ansehen. 30
Diese kleine Moschee wurde 2003 gebaut und ist von strahlend weißer und reduzierter Schönheit. Sie liegt am Rande einer großen Wohnanlage. Von dort, aus den oberen Etagen, können Sie versuchen, die Moschee mitsamt ihrer Umgebung einschließlich des Buyaka aufs Bild zu bekommen. Die Moschee selbst ist den ganzen Tag über geöffnet und gut besucht. Mit respektvollem Abstand ist es möglich, dort zu fotografieren. Die Materialien Glas, Wasser und Stahl, angeordnet in moderner Funktionalität, garantieren wunderschöne Fotos in reduzierter Ästhetik.

MIT DER KAMERA IN: ISTANBUL
Bildband und Foto-Reiseführer

Die Fotos in diesem Buch stammen von:
Fredrik Barkenhammar, Eva-Maria Burchard, Kirsten Haarmann, Stefan Heinze, Klaus Kugler, Michael Lindemann, Claas Möller, Wolfgang Noack, Rolf Nobel, Dirk Opitz, Christiane Penke, Margret Sauter-Krieger, Jonas Wettre, Adam Wist, Gabriele Witter

Umschlagfoto:
Blick auf die Yeni Cami Moschee

Lektorat:
Die LANDMARKER und der Verlag danken Margarete Krüger und Fevziye Al

Buch- und Umschlaggestaltung:
Claas Möller, claasbooks, Hamburg

Bildbearbeitung:
LANDMARKER und Judith Lange

Verlag:
© 2015 morisel Verlag, München
www.morisel.de
mail@morisel.de

Druck:
druckhaus köthen GmbH & Co. KG
Friedrichstraße 11/12
06366 Köthen (Anhalt)
www.koethen.de

Die Deutsche Nationalbibliothek verzeichnet diese Publikation in der Deutschen Nationalbibliografie; detaillierte bibliografische Daten sind im Internet über http://dnb.de abrufbar.

ISBN: 978-3-943915-18-1
Printed in Germany

edition VISUM bei morisel

VISUM ist Deutschlands älteste Fotografenagentur und vertritt die Arbeiten von führenden Bildjournalisten und Fotodesignern. Seit Anbeginn widmet sich VISUM der Autorenfotografie und unterstützt Fotografen, die eigene fotografische Projekte entwickeln und umsetzen.

VISUM
www.visum-images.com